일상과 신비

KB192520

일상과 신비

2022년 12월 23일 초판 1쇄 펴냄

지은이 조민아
편집 박은경
펴낸이 신길순

펴낸곳 (주)도서출판 **삼인**
전화 02-322-1845
팩스 02-322-1846
이메일 saminbooks@naver.com
등록 1996년 9월 16일 제25100-2012-000046호
주소 (03716) 서울시 서대문구 성산로 312 북산빌딩 1층

디자인 끄레디자인
인쇄 수이북스
제책 은정

ISBN 978-89-6436-230-3 03230

값 16,000원

일상과 신비

조민아

삼인

일러두기
이 책은 2012년 12월부터 2022년 10월까지 《천주교 마산교구 주보》, 《천주교 수원교구 주보》, 《가톨릭 뉴스 지금 여기》, 《가톨릭일꾼》에 기고한 글들을 보완 정리하였습니다.

내 마음에 불을 지핀

그 빛은

나를 기진맥진하게 만들지 않고,

태양이 제빛을 퍼뜨려

한 사물을 따뜻하게 해주듯

그저 온화하게 불타올랐다.

힐데가르트 폰 빙엔

순간의 기억, 그 나눔

일상과 신비, 그리고 신학함을 화두로 그간 여러 지면을 통해 나누어 온 생각을 책으로 펴내는 것이 어떻겠냐고 물어 오셨을 때, 부족하지만 용기를 내어보겠다고 말씀은 드렸지만 막상 이 조각 글들을 엮어 세상에 내어놓을 생각을 하니, 일기장을 낯선 이들에게 열어 보이듯 쑥스러움과 걱정이 앞선다. 덜 익은 생각들이 혹시 여러 분들의 마음에 미혹을 더하진 않을지, 또 그것들이 내 안에 품었던 것과는 영 다른 의미의 옷을 입고 어딘가를 배회하며 오해를 사거나 하진 않을지. 그러나 한편으로는 설레기도 한다. 글쓰기가 아니라면, 또 내어주신 공간이 아니라면, 때로 여름날 소나기처럼 강렬하게 마음을 두드리고, 또 어느 때인가는 겨울날 햇살처럼 아스라이 내려앉는 신비를 어설프나마 손을 뻗쳐 건드려보고 만져보고 그려볼 욕심조차 내어보지 못했을 것이다.

글쟁이들은 흔히 자신의 직업을 일컬어 축복이자 천형이라 한다. '보지 말아야 할 것'을 보아버린 형벌로, '그 보아버린 것이 무엇인지 모른 채,' 곧 떨어져 내릴 것이 분명한 무거운 바위를 끊임없이 밀어 올리는 시시포스처럼 덧없는 노동을 계속해야 하기 때문이다. 노동을 보상해주는 것은 오로지 아득한 언어의 바다에서 반짝이는 심상心象 하나 건져 올리는 찰나의 기쁨뿐이다. 그러나 은빛 비늘 펄떡이는 고기와도 같은 그 심상은 수면에 떠오르자마자 가뭇없이 빛을 잃고 만다. 참으로 글쟁이들의 환희(ecstasy)는 섬광처럼 강렬하지만 공기처럼 가볍고, 터질 듯한 기쁨인 동시에 가눌 길 없는 슬픔이다.

알 수도 잡을 수도 간직할 수도 없는 그 환희 때문에 축복일지 천형일지 모르는 삶을 사는 이들은 하지만 글쟁이들만이 아니다. 플라톤의 『대화편』 중 소크라테스와 파이드로스가 사랑에 대해 나눈 대화를 담고 있는 『파이드로스』에서 소크라테스는 이 환희를 "미칠 듯한 갈망" 혹은 "신이 부여한 광기"라 표현하면서 네 가지 영역을 통해 이 환희가 주로 발견된다고 말한다. 예언, 치유, 시, 그리고 사랑이다. 그러니까, 차별금지법 제정을 위해, 비정규직 노동자들의 권리 회복을 위해, 병든 지구를 살리기 위해 자신의 몸을 던지는 이 땅의 예언자들, 집 앞을 떠도는 길고양이 한 마리 불쌍히 여겨 밥 한 그릇 놓아주는 보살핌과 치유의 손길들, 노래와 글과 그림 혹은 춤에 기꺼이 삶을 바치는 예술인들, 그리고 부끄럽고 애틋한 마음 그대에게 어찌 전할까 밤을 새우는 연인들— 이들은 모두 어찌할 수 없는 갈망에 사로잡혀 '나'를 내어주고 축복일지 천형일지 모를 환희에 몸과 혼을 맡기고 살아가는 이들이다. 이들은, 아니, 이런 벅찬 갈망과 미칠 듯한 환희를 적어도 한 번은 맛보았을 우리 모두는, 그 찰나의 환희가 얼마나 격렬한 생기로 일상을 살아 있게 하는지 기억한다. 이렇게 뜨겁게 갈망하고 환희에 몸을 떠는 것을 플라톤은 '신비체험'이라고 이야기한다. 우리 모두는 이미 신비를 체험했거나 체험하며 살고 있는 신비가(mystic)인 것이다.

예언, 치유, 시, 사랑, 이 네 가지 영역을 가로지르는 공통점은 '나'라는 찰나생사刹那生死를 벗어나 보살행菩薩行을 살아보려는 몸부림이다. 쳇바퀴처럼 돌아가는 세상, 빠르고 편하고 효율적이고 생산적인 것들을 강요하는 세상의 질서에서 과감히 뛰쳐나와 느리고 불편하고 어쩌면 쓸 모없어 보이는 것들에게 내 마음을 내어주는 행위들이다. 받아줄지 모르는 특정의 혹은 불특정의 '너'를 향해 '나'를 던지는 이 몸짓들을 통해 우리는 신비를 맛본다. 신비는 일상 속에 있다. 아니 일상 자체가 신비다. 우리는 모두, 알 수도 잡을 수도 간직할 수도 없는 그 신비가 마치 파블로 네루다의 「시詩」에서처럼 "얼굴도 없이 거기에 지키고 섰다가" 우리를 눈멀게 하고 우리 가슴을 멋대로 뛰게 할 것을 알고 있다. 그리고 이 뜨거운 흔들림의 끝에 하느님이 계심을 고백하고, 그것을 언어로 담아내는 것이 신학이다. 안다. 신비를 온전히 품을 수 있는 언어는 없다. 그러므로 신학은 그 시작부터 불가능성을 담지한다. 실패가 절망이 되지 않는 이유는 그보다 큰 열망이 있기 때문이다.

하지만, 우리는 신비가 손짓할 때 잠시 멈추고 눈을 맞출 만큼 여린 가슴 안고 살아가는가? 오늘날 우리의 신학은 이 뜨거운 흔들림을 전달하는가? 이 책을 통해 엮은 글들은 이 질문에 대한 나의 대답, 아니, 고백이다. 가슴에 두껍게 내려앉은 세상의 더께를 거두고, 연하고 순한 마음의 속살을 회복시키려 했던 순간들의 기쁨과 슬픔과 아스라함을 여러분과 나누려 한다. 어느 수피 수도승처럼, '기쁠 때나 슬플 때나, 내가 들이쉰 어느 숨결이 신의 숨결에 닿아 있지 않은 때가 있었던가?' 하고 탄식했던 그 순간들의 기억을 말이다.

2022년 12월

조민아

차례

여는 글 순간의 기억, 그 나눔   6

삶으로 신학하기

왜 신학을 공부하는가?   14

무엇을 위해 신학을 공부하는가?   17

신앙과 의심   21

신학, 낯설게 보기, 거슬러 살기   25

가톨릭 전통과 페미니즘   29

비둘기나 까마귀나, 희거나 검거나   34

'선량한' 인종차별주의자들   38

Jesus, Guns, Babies?   43

그들의 삶과 죽음   46

사랑이 부족해서가 아니다   49

하느님 나라와 '공정사회'   54

사각지대와 국외자들   59

입에서 나오는 것: 정치적 올바름에 관하여   63

성소수자 신자들이 교회의 '문제'일까?

        —2014년 시노드 제3차 임시 총회가 남긴 숙제   67

인권이 보호받지 못하는 세상에서 동물의 권리란?   73

입술이 더러운 백성   79

신비와 함께 살기

유년의 신비주의　　　　　　　　　　　　　　　　84

대림절과 감옥의 나날　　　　　　　　　　　　　　89

임하소서, 임마누엘　　　　　　　　　　　　　　　93

세 가지 유혹　　　　　　　　　　　　　　　　　　97

사막에서 배운 겸손　　　　　　　　　　　　　　　100

두 가지 불안, 두 가지 믿음　　　　　　　　　　　105

그 사내가 본 십자가　　　　　　　　　　　　　　110

인간이라는 모순적 존재를 위한 기도　　　　　　116

내가 짓지 않았으나 짊어진 죄　　　　　　　　　121

'가난의 영성'이란 무엇일까　　　　　　　　　　125

하느님은 자판기가 아니다　　　　　　　　　　　129

복음, 소외된 이들을 위한 말과 밥　　　　　　　135

성령강림대축일을 앞두고　　　　　　　　　　　139

하느님의 침묵　　　　　　　　　　　　　　　　　144

사연을 묻지 않는 하느님의 숨—홀리루드에서 환대의 집까지　149

고통과 신비

그분은 아직 진도 앞바다에

　　　　　—2014년 4월 23일, 세월호 참사 후 일주일 뒤　　　158

성호의 성당과 고통의 성사聖事—세월호 희생자들을 기억하며　　162

다시 4월 16일, 부활하는 예수—세월호 일주기에 쓰다　　167

일곱 번째 봄, 그대들에게—세월호 7주기를 맞으며　　173

성탄 '다음' 날들, 연약한 목숨의 일상　　176

빈 무덤 안에서 보내는 사순 시기　　181

기이한 부활 선포, "붙잡지 말라"　　186

그분께서는 커지셔야 하고 나는 작아져야 한다　　191

빛의 열매　　196

피난 간 소 떼　　200

'사회적 생명'에 대한 감수성　　204

희망으로 가는 길—2014년 겨울의 여행　　208

고스트 댄스　　212

내 행동이 곧 나다　　216

마지막 때와 다가올 미래　　219

삶으로 신학하기

신학은 인간의 이성과 지적 능력을 통해 우수한 지식을 개발하여 하느님의 존재를 입증하거나 하느님의 인식을 통찰하고자 하는 학문이 아니다. 오히려 하느님 앞에 인간이 지닌 한계를 수긍하고, 그 한계를 드러내는 역사의 지평에 서서, 지평 너머의 초월로부터 다가오는 신비를 우리 삶의 자리로 받아들이고 이해하려는 학문이다.

왜 신학을 공부하는가?

인공지능 알파고를 상대로 벌인 대국에서 최초이자 최후의 승자가 되었던 프로 바둑기사 이세돌 9단이 2019년 11월 은퇴했다. 은퇴 대국의 상대로 그가 택한 상대는 흥미롭게도 '한돌'이라는 국내 바둑 인공지능인데 대국 방식은 접바둑 치수 고치기다. 두 사람의 바둑 실력 차이가 벌어질 때 약한 쪽에서 미리 몇 점을 깔고 시작하는 바둑이 접바둑이다. 말하자면 이런 식이다. 이세돌 9단이 먼저 두 점을 깔고 한돌의 백번으로 시작한다. 이 9단이 1국을 승리하면 2국은 정선(이 9단의 흑번)으로 대국한다. 그러나 1국을 패하면 2국은 석 점을 깔고, 2국마저 패하면 마지막 3국은 넉 점을 깔고 둔다. 즉 이길 수 없음을 전제하고 둔다는 말이다. 담담하게 대국 방식을 설명하는 이 9단의 인터뷰를 보며 나는 마음이 착잡했다. 바둑은 "예술"이다, 두 사람의 창의성이 만나 침묵 가운데 만드는 "하나의 작품"이라 하던 그가 이제 은퇴를 앞두고, 작품을 함께 만들어가는 기쁨을 결코 알 리 없는 인공지능과 마지막 대국을 가지며 자신의 가능성을 끝까지 실험하는 모습이 어쩐지 처절하다. 과장해서 말하자면 인공지능이 지배할 거대하고 무시무시한 미래 앞에 인간의 창의력이 지닌 존엄성을 내걸고 홀로 맞서는 순교자 같기도 하다.

이처럼 인공지능이 인간을 대체하는 세상에서 신학을 공부한다는 것은 무슨 의미일까? 인공지능과 인간의 차이는 물론 여러 가지가 있겠으나 가장 결정적인 것 중 하나는 자신의 한계를 자각할 수 있는가, 그 한계에 머물러 성찰할 수 있는가일 것이다. 지능으로는 벌써 인간을 뛰어넘었고, 근래에는 감성과 창의력의 영역까지 인간을 넘보는 인공지능은 결코 자신의 한계를 자각하고 성찰하지 못한다. 인공지능의 한계는 프로그램 오류에서 비롯된 '버그'일 뿐이며 프로그램을 수정하거나 더 나은 것으로 대체함으로써 극복된다. 신학은 인공지능이 결코 내려올 수 없는 바로 그 지점, 자신의 한계를 받아들이고 성찰하는 데서 시작된다.

하느님이 인간에게 보여주신 진리를 신앙과 이성으로 이해하려는 학문이 신학이다. 하지만 신학은 인간의 이성과 지적 능력을 통해 우수한 지식을 개발하여 하느님의 존재를 입증하거나 하느님의 인식을 통찰하고자 하는 학문이 아니다. 오히려 하느님 앞에 인간이 지닌 한계를 수긍하고, 그 한계를 드러내는 역사의 지평에 서서, 지평 너머의 초월로부터 다가오는 신비를 우리 삶의 자리로 받아들이고 이해하려는 학문이다. 인간이 먼저 나아가 분석하고 계산하고 평가하는 것이 아니라, 하느님께서 미리 초대하신 당신과의 관계에 응답하고, 하느님께서 이미 열어주신 신비에 신앙으로 참여하며 그 무한한 사랑에 유한한 인간의 언어를 입히는 것이 신학이다.

하느님이 인간에게 보여주신 가장 명확하고 결정적인 신비는 예수 그리스도를 통해 드러났다. 그리고 예수 그리스도의 삶과 죽음과 부활은 그리스도교 신학의 중심이다. 한데 예수가 인간에게 온 자리 또한 인공지능이 추론해낼 수 있는 모든 최고 값의 반대편에 위치해 있다. 예수는 변두리 마을 축사에 지친 여정을 푼 가난한 난민 노동자 부부에게, 고

개조차 제대로 가누지 못하는 약하디약한 아기의 모습으로 세상에 왔다. 예수의 탄생을 가장 처음 접한 이들은 오늘날로 치면 하청업체의 비정규직 노동자들인 목자들이었다. 예수는 평생 '갑'이 되어본 적이 없다. 그는 방랑자요 노숙자였으며 짧은 평생을 오로지 '을'들과 함께 살았다. 그리고 그는 꿈꿨던 하느님 나라를 차마 이루지 못한 채 서른세 살 청년의 나이로 죽었다. 그런데 이 비참한 실패를 통해 부활이란 기적이 일어나고, 그가 꿈꾸었던 세상이 우리에게 열렸다. 그가 바랐던 세상은 어떤 세상인가? 인간을 단순한 부속품, 폐기 가능한 대체물로 만드는 질서를 거부하는 세상이다. 모든 살아 있는 것들의 존재를 그 자체로 귀하게 여기는 세상이다. 거짓과 의심과 미혹의 그림자가 거두어지고 진리가 드러나는 세상이며, 생명과 생명이 어우러져 생명의 근원이신 하느님께로 향하는 세상이다.

그리스도교 신학은 이 기이한 사람, 기이한 하느님 예수가 드러낸 사랑과 그가 죽어서까지 살리고자 했던 세상을 공부하는 학문이다. 신학은 또 그렇게 기이한 우리의 하느님을 향한 기도다. 우리의 한계를 알고 그의 사랑을 알면 알수록 신학은 기도가 된다. 그 신비에 우리를 맡기며 믿고, 바라고, 사랑하는 기도가 된다.

무엇을 위해 신학을 공부하는가?

    가톨릭 평신도, 특히 여성이 신학을 공부한다면 누구나 한 번씩 들어보았을 질문이다. 무엇을 위해, 혹은 왜 신학을 공부하는가? 단순한 호기심일 수도 있겠지만 대체로 이 질문에는 신학이 사제가 되기 위한 수련의 일부이거나, 학자들만의 전문적인 작업이라는 편견이 포함되어 있다.

    신학을 뜻하는 그리스어 단어 'theologia'는 직역하면 '하느님(theo)에 대한 이야기(logia)'이다. 이야기는 인간이 세상을 인식하고 다른 이들과 관계를 맺는 수단이다. 한 인간의 삶은 이야기로 재구성되어야만 의미를 획득할 수 있으며 다른 이들에게 이해될 수 있다. 다양한 삶의 자리에서 길어 올리는 이야기를 통해 우리는 나와 남을 이해하고 아름다운 것과 못난 것을 구분하며 옳은 것과 그른 것을 익힌다. 하느님에 대한 이야기인 신학은 그 서사의 중심에 하느님이 있다. 그리스도교 신학은 특히 인간이 되신 하느님의 이야기다. 그 하느님의 이야기를 통해 그리스도인은 세상을 읽고 삶의 의미를 찾으며 다른 이들을 이해한다. 신앙인이라면 누구나 하느님에 대한 이야기를 품고 있고, 의식적이지 않더라도 자신의 경험을 통해 그 이야기를 재구성하고 의미를 부여하는 신학 활동을 한다. 신학은 그러므로 사제와 신학자의 전유물이 아니다. 모든 신앙인은 넓은 의미에서 신학자다. 한 인간의 마음에 신앙이 새겨지는 순간은 하느님과 그이만의 독창적인 서사를 간직한 하나의 신학이 탄생하는 순간이다. 이런 의미에서 신학은 '하느님에 대한' 이야기인 동시에 '하느님의' 이야기이기도 하다. 당신의 삶, 당신의 일상이 곧 하느님이 세상을 향해 풀어놓는 이야기라니, 가슴이 설레지 않는가. 오로지 당신만이 그 서사를 이해하고 해석하고 다른 이에게 전달할 수 있다.

그러나 그리스도인은 어느 누구도 홀로 그리스도인일 수 없다. 그리스도인은 기록된 하느님의 이야기인 성서와, 전달된 하느님의 이야기인 전통을 통해 형성된 하느님에 대한 공동의 기억을 받아들일 때 비로소 그리스도인이 된다. 교회를 통해 선포되는 공동의 기억으로서 하느님의 이야기와 신자 개인의 삶에서 우러난 개별적인 하느님의 이야기가 만나는 자리는 전례다. 신자들이 한곳에 모여 하느님을 찬미하고 그리스도의 몸과 피를 나누는 전례는 사도들로부터 전승된 교회의 기억이 신자들의 삶으로 선포되고, 신자들 각자의 마음에 싹튼 하느님의 이야기가 교회의 기억으로 들어오는 현장이다. 그러므로 신학과 전례는 분리될 수 없다. 하느님의 이야기인 신학은 전례를 통해 숨을 쉬며 살아 있는 이야기가 된다.

넓은 의미로 모든 신앙인이 신학자이긴 하지만, 학문으로서 신학은 구체적인 목표와 전문화된 영역을 갖고 있다. 신학의 궁극적인 목표는 신비이신 하느님을 바로 알고, 믿고, 사랑하는 것이다. 그러나 신비는 인간의 이성으로 파악될 수도, 인간의 언어에 온전히 담길 수도 없다. 그 한계로 인해 발생하는 오해를 성찰하고 더 적절한 이해로 나아갈 수 있도록 하는 것이 신학의 역할이다. 신학의 분야는 크게 네 가지로 나뉜다. 하느님께서 어떻게 우리에게 당신 자신을 알리셨는지 연구하는 성서신학, 신앙공동체인 교회가 하느님의 말씀인 성서를 어떻게 수용하고 해석해왔는지 연구하는 역사신학, 하느님의 신비를 어떻게 인간의 이성과 언어로 이해하고 표현할 것인지 연구하는 조직신학(혹은 구성신학), 삶의 자리에서 어떻게 하느님의 말씀을 살고 드러낼지 연구하는 실천신학이다. 근래의 현대 신학은 갈수록 다양해지고 복잡해지는 그리스도인의 삶 속에서 하느님의 이야기가 소통될 수 있게 하는 데 관심을 기울인다. 따라서 신학의 분야를 기계적으로 분류하기보다 개별적인 주제를 중심으로 분야를 아우르며 대화하는 통섭적 연구, 인문학과 과학의 연구 방법과 성과를 적극적으로 활용하는 학제간 연구를 선호한다.

모든 신자가 학문으로서 신학을 공부할 필요는 없다. 그러나 신학을 공부하는 신자는 자신의 삶 속에서 자연스레 이루어지는 신학 활동을 표현할 명료한 언어를 찾을 수 있고, 일관적이고 체계 있게 자신의 이야기를 구성하여 다른 이들과 소통할 수 있다. C. S. 루이스가 그의 저서 『순전한 기독교』에서 신학의 역할을 설명하기 위해 사용한 비유가 떠오른다.

신학은 지도와 같다 […]. 교리 그 자체가 하느님은 아니다. 교리는 일종의 지도일 뿐이다. 하지만 그 지도는 하느님을 만난 수많은 이들의 경험을 토대로 만들어졌다. […] 만일 당신이 더 먼 곳에 가고자 한다면 반드시 지도를 사용해야 한다.[*]

---

[*] C. S. Lewis, *Mere Christianity* (New York, NY: Happer Collins, 2001), p. 153.

지도가 우리의 삶터를 온전히 그리고 있지는 않다. 그러나 지도는 우리에게 유용한 정보를 주고 길을 안내한다. 신학도 마찬가지다. 신학 자체가 진리는 아니다. 그러나 신학은 하느님을 만난 수많은 이들이 걸었던 길을 우리에게 안내한다. 지도를 들고 길을 나서는 상상을 해보자. 기호와 문자로 존재하던 지도 속의 장소들이 나의 공간이 된다. 광장과 골목에 나의 이야기가 새겨지고 그곳을 다녀간 다른 이들의 이야기가 내 삶으로 들어온다. 이렇듯 신학을 지도 삼아 신앙의 여정을 떠나보자. 사도들과 교부들과 성인들이 이름 붙이고 지표를 세운 신비의 자리를 찾아보고 그들의 이야기에 나의 이야기를 엮어보자. 수천 년 교회의 역사에서 빛나던 광장들과 막다른 길로 여겨지던 후미진 골목들을 걸어보자. 그곳에서 신앙의 선배들이 느꼈을 흥분과 절망과 희망을 느껴보자. 지도의 지명에 착오가 있듯 신학에도 물론 오류가 있다. 그러나 길이 사라지기도 하고 새롭게 열리기도 하듯, 신학 또한 옛길이 저문 곳에서 새로운 길로 나아가기도 한다. 길은 함께 걸을 때 길이 된다.

신앙과 의심

그들은 불안했을 것이다. 예수가 떠난 자리에 남겨졌던 사도들 말이다. 공범으로 지목되어 체포당할지 모른다는 공포도 있었겠지만, 믿고 사랑했던 그이가 동료의 배신으로 살해당하고, 꿈꾸었던 미래가 그토록 허무하게 사라진 자리에서 불안은 공포보다 더 서늘하고 집요하게 사도들의 마음을 잠식하고 있었을 것이다. 그 불안은 신학자 폴 틸리히Paul Tillich가 말한 "실존적 불안"과 같은 종류일지 모른다. 틸리히는 구체적 대상이 있는 공포와 달리 불안은 극복하고 맞설 대상이 없기에 인간을 더 취약하게 만든다고 했다. 내처진 운명, 의미를 상실한 공허함, 사랑하는 이를 떠나보낸 무력감과 죄책감, 언제 닥칠지 모르는 죽음. 사도들이 맞닥뜨린 상황에는 맞서 싸울 대상이 없었다. 그러기에 아무런 행동도 할 수 없었다.

그 불안과 혼란의 와중에 죽은 예수가 살아 돌아왔다. 사도들 중 한 사람 토마스는 의심을 숨기지 않았다. 그는 솔직하고 투명했으며 질문이 많은 사람이었다. 예수가 죽기 전에도 그는 "주님, 저희는 주님께서 어디로 가시는지 알지도 못하는데, 어떻게 그 길을 알 수 있겠습니까?" 하고 당돌한, 그러나 정당한 질문을 하여 예수로부터 "나는 길이요 진리요 생명이다"라는 답을 듣기도 했다(요한 14, 5-6).

살아 돌아온 예수 앞에서도 토마스는 여전히 질문하고 있다. 카라바조Michelangelo Merisi da Caravaggio(1571-1610)는 그의 잘 알려진 그림 〈의심하는 토마스〉에 그 순간의 긴장을 적나라하게 담았다. 스스로 옷자락을 걷어 옆구리를 드러낸 예수는 토마스의 손목을 잡고 상처의 절개부를 만져보게 하고 있다. 이마와 양미간에 주름이 가득한 토마스는 때 묻은 손가락을 예수의 상처에 깊숙이 찔러 넣는다. 마치 부검의처럼 진지한 그의 주변에 주체할 수 없이 궁금한 눈으로 상처와 손가락을 보고 있는 다른 두 사도들이 있다. 그들도 토마스 못지않게 불안하고 의심스러웠던 것이다. 다만 적극적으로 질문하지 않았을 뿐이다.

예수가 토마스의 불안에 대응하는 방식을 보자. 예수는 불안을 합리적 의심과 질문으로 표현한 그를 내치지 않았다. 그 역시 합리적으로 대응했다. 증거를 제시하며 직접 관찰하고 만져볼 수 있도록 허락한 것이다. 결국 손가락을 넣어보고 난 후 토마스는 "나의 주님, 나의 하느님(Dominus meus et Deus meus)"이란 고백을 한다. 예수가 하느님과 동일한 존재라는 것을 시인한 신약 성서 최초의 고백이다.

실증을 통해 확신을 얻고 불안을 극복한 듯 보이는 토마스에게 예수는 또 다른 가르침을 준다. 실증을 통한 믿음 외에 관계를 바탕으로 한 믿음도 중요하다는 것이다. "너는 나를 보고야 믿느냐? 나를 보지 않고도 믿는 사람은 행복하다"(요한 20, 29)라는 예수의 응답에 등장하는 그리스어 단어 'πιστεύω'는 '믿다', '신뢰하다', '맡기다'를 뜻하는 동사로, 문맥과 문장의 목적어에 따라 의미가 결정되는 중립적인 단어다. 이 단어 자체에는 믿음의 대상에 대한 어떠한 권위도 포함되어 있지 않기에 맹목적, 무조건적인 믿음을 종용하는 뜻으로 해석하기 어렵다. 즉 예수는

카라바조, 〈의심하는 토마스〉

인격이 상실된 어떤 것도—그것이 권위이건, 실증적 사실이건, 혹은 선동이건—믿으라 권하지 않았다. 오히려 그는 "너는 '나를' 보고야 믿느냐" 하고 물으며, 불안해하는 토마스에게 '사람' 예수를 상기시키고 있다. 그와 토마스가 쌓아온 관계, 사람과 사람, 인격과 인격의 만남으로 이루어진 그 관계 속, 서로의 깊은 신뢰와 사랑을 일깨우고 있다. 신뢰와 사랑이 바탕이 된 관계는 질문을 두려워하지 않는다. 솔직한 질문은 성숙한 관계에 반드시 필요하다.

　진지한 신학적 질문에는 대부분 실존에 대한 불안이 포함되어 있다. 그리고 그 불안은 하느님의 무한한 신비 앞에 선 유한한 인간에게 피할 수 없는 요소다. 불안을 거부하고 확신과 신념만 붙잡으려 할 때 믿음은 우상숭배가 된다. 그 우상숭배는 나와 다르거나 내 의견에 동의하지 않는 이들에 대한 혐오로, 또 나의 불안을 잠시 잠재워줄 얄팍한 확실성에 대한 맹신으로 표현된다. 믿음은 어떤 것이 사실이라는 것을 받아들이는 신념이 아니다. 믿음은 하느님과 내가 함께 쌓아가는 관계다. 모든 사랑의 관계가 그렇듯, 나의 이성과 감성을 내가 사랑하는 이, 하느님께 전인적으로 던지며 끊임없이 질문하면서 성숙해가는 실존적 참여다.

얼마전 내가 가르치는 신학수업에서 대학생들과 신앙과 의심의 관계에 대해 토론했다. 문득 궁금해져서 학생들에게 질문했다. 모르는 것을 모른다고 솔직하게 표현하는 사목자와, 확신과 신념에 가득 찬 사목자 중 어느 사목자를 더 신뢰하는가? 거의 모든 학생들이 모르는 것을 모른다고 할 수 있는 사목자를 더 신뢰한다고 대답했다. '모르는 것이 없다는 것은 질문하지 않는다는 것'이기 때문이다. 젊은 학생들은 확신과 신념만 가득 찬 사목자에게서 무지와 편견을 보고 있었다.

신학, 낯설게 보기, 거슬러 살기

    내 수업을 듣는 학생들의 종교는 가톨릭뿐 아니라 이슬람교, 무속신앙, 불교, 유대교, 힌두교, 위카Wicca, 근본주의 개신교까지 다양하다. 물론 무신론자, 불가지론자라고 스스로를 밝히는 학생들도 많다. 종교뿐 아니라 문화적으로도 각양각색인 십 대 후반, 이십 대 초반의 미국인 대학생들과 신학을 이야기하는 것은 매 수업 설레고 긴장되는 모험이지만, 학생들이 교양필수로 들어야 하는 신학개론 수업은 학기 초에 버성김이 심하다. 대부분 듣고 싶어 듣는 수업이 아니고 신학은 그저 교리수업 혹은 신앙입문의 연장일 뿐이라는 선입견을 갖고 있기 때문이다. 학기 첫날 학생들은 '신자도 아닌데 내가 왜 이 수업을 들어야 하나', 혹은 '교리 수업 지겹게 들었는데 또 들어야 하나' 하는 표정으로 수업에 들어오곤 한다.

    신학개론 수업을 맡으며 이 다양한 학생들에게 신학이 의미 있으려면, 그리고 재미 있으려면 무엇을 어떻게 가르쳐야 할지 많은 고민을 했다. 아마 상황과 맥락은 다르지만 청년 사목을 하시는 많은 사목자들이 비슷한 고민을 하지 않을까 싶다. 나는 우선 신학이 교회의 교리와 지침을 전달하는 학문이 아니고, 제도 교회의 전유물도 아니며, 학생들에게 특정 종교의 신앙을 강요할 생각이 전혀 없다는 것을 강조한다. 시행착오 끝에 내가 수업의 출발점으로 삼고 있는 잠정적인 신학의 정의는

'각자가 속해 있는 삶의 지평 너머를 상상하는 학문'이다. 수업의 목표는 그 지평 너머를 꿈꾸는 상상력을 구획하고 재단하고 억압하는 힘들을 발견하고 분석할 수 있는 비판적 시각을 기르는 것이다. 신학이라는 학문을 통해 우리가 몸 담고 있는 세상을 낯설게 바라보고, 이 세상을 운영하는 논리와 질서가 우리 앞에 놓인 유일한 선택인가 의심해보는 것이다. 복음서는 이런 의미에서 적절하게 사용될 수 있는 예화들을 많이 담고 있다.

흥미롭게도 마음을 열고 신학에 흥미를 보이기 시작하는 학생들은 소위 '주류'에 속하지 않는 자신의 종교와 문화 등을 이유로 배타적이고 권위적인 그리스도인들에게 큰 상처를 받았던 학생들이다. 학기 초 의심의 눈초리로 경계하고 냉소하던 이 친구들이 점점 자신감을 얻어 수업의 중심으로 들어오게 되면 자연스레 수업의 질도 달라진다. 이 학생들이 수업 시간에 나누는 이야기들과 제출하는 과제물들은 가끔 혼자 읽기 아까울 만큼 번뜩이는 통찰을 담고 있기도 하다. 수업에 쉽게 적응하지 못하는 학생들도 물론 있다. 이제껏 단 한 번도 신앙의 위기와 도전을 느껴보지 못했던 착실한 신자들은 수업에서 제기되는 질문에 불편함을 느낀다. 또 종교는 비합리적이고 비논리적이며 종교와 과학적 사고는 대립한다는 전제를 한 번도 의심해보지 않은 학생들도 마음을 열지 않는다. 극과 극인 이 두 그룹의 친구들이 공유하는 것은 자신의 지평 너머를 상상해본 적이 없다는 사실일 것이다. 하지만 모든 학생이 내 수업에 관심을 갖고 함께해주기를 바라는 것은 또 내 욕심이기도 하다.

수업에 관심이 있건 없건, 거의 모든 학생들이 마음을 여는 과제물이 하나 있다. '언플러그 데이' 기록이다. 말 그대로 '언플러그', 모든 전원을 차단하고 하루를 보낸 후 그 하루 동안 보고 듣고 느낀 것을 짧은 글로 쓰는 것이다. 일상을 지배하는 가장 익숙한 것, 소셜미디어로부터 낯설어지는 경험, 소셜미디어가 없어진 일상의 광활한 공간으로 뛰쳐나와 사람과 자연과 소통하게 하는 것이 과제물의 목표다.

매 학기 학생들이 제출한 글을 읽으면서 많은 생각을 하게 된다. 적지 않은 학생들이 갑자기 많아진 시간을 어떻게 사용해야 할지 몰라 가벼운 공황상태에 빠졌다고 고백한다. 수시로 눈과 귀를 붙잡아두는 텍스트 메시지도 없고, 초단위로 업데이트 되는 인스타그램과 페이스북도 없고, 늘 귀에 달고 다니던 헤드셋과 에어팟도 없으니 쏟아지는 빈 시간이 너무 길고 둘러싼 빈 공간이 너무 적막해 덜컥 불안하고 두려워지더라는 것이다. 그렇게 손가락을 깨물며 침대 위를 무료하게 뒹굴다, 혹은 방 안에서 안절부절 서성대다, 결국 밖으로 나선다. 그러고는 소박한 기쁨들을 만난다. 미시시피강을 따라 산책을 나선 한 친구는, 3년을 거의 매일 나오던 길인데 그날 처음으로 새 지저귀는 소리를 듣고, 나뭇잎들의 색깔이 단순히 초록이 아니라 저마다 다른 초록임을 깨닫고, 봄 햇살을 받아 따뜻한 바위에 손을 대어보았다. 자전거를 타고 다운타운에 나간 친구는 처음으로 대형마켓이 아닌 지역 식료품점에 가서 지역 농부가 직접 재배한 제철 토마토를 사 먹어보고, 운전하고 지나다닐 때는 아무 생각 없이 보곤 했던 한 노숙인이 손 하나가 없는 장애인이었다는 사실을 알게 되었다. 사춘기 이후 처음으로 반나절 동안 엄마와 오롯이 눈을 마주 보며 대화를 나누고 저녁식사 준비를 했다는 친구도, 2년 전에 생일선물로 받았지만 책장에 처박아두었던 시집을 이제서야 비로소 꺼내어 읽어보았다는 친구도, 시간을 채우기 위해 유기동물 보호소에 가서 버려진 개와 고양이를 돌보며 하루를 보내다 아예 정규 자원봉사자로 등록을 하게 되었다는 친구도 있다.

나는 이들이 내 수업을 통해 배운 신학자들의 이름과 이론은 잊어버리더라도 그 하루 동안의 낯선 공간과 낯선 시간을 통해 만져본 '날것'의 기억들—나뭇잎의 초록들과, 노숙인의 한쪽 손과, 어머니의 눈과, 도움이 필요한 어린 동물들의 울음을 기억했으면 좋겠다. 결국 그 날것의 기억들에 의미를 만드는 일, 그것들을 통해 사람이 사람다움을 잃지 않는 세상을 만드는 데 일조하는 것이 신학이라고 나는 믿는다.

그런 의미에서 신학은 시쓰기와 닮았다. 시詩는 일상의 언어에 낯설음을 만들어내는 작업이다. 아무럴 것 없는 일상이 시인의 심상으로 걸러지면 시간과 공간에 파열이 생기고, 순차적인 흐름과 배열이 깨어지고, 기억과 기억이 얽힌다. 그렇게 일상 속에서 시인은 낯선 현실을 연다. 신학도 마찬가지다. 신비, 즉 세상의 언어로 표현되지 않는 낯선 현실을 언어로 담아내는 것이 신학이다. 그리스도교 신학자들에게는 그 새로운 현실에 예수가 자신의 삶과 죽음과 부활로 보여준 하느님 나라가 있다고 믿는다.

가톨릭 전통과 페미니즘

　요즈음 소셜미디어에 부쩍 교회의 전통적인 가르침과 전통에 근거한 신앙을 강조하는 콘텐츠들이 많이 눈에 띈다. 팬데믹이 불러온 불안함과 위기 속에서 신앙의 의미를 묻고, 신자들이 위로받을 수 있는 글과 영상들을 공유하는 것은 고무적인 일이지만, 많은 내용들이 근현대의 인문학과 신학의 흐름은 물론 교회의 전통에 대해서도 다소 협소한 이해에 바탕을 두고 있는 것 같아 우려되기도 한다. 페미니즘과 여성신학에 대한 시각이 특히 그렇다. 이런 콘텐츠들에 영향을 받은 많은 신자들이 페미니즘을 '이데올로기'라 단정하고 교회의 가르침을 배척하는 것으로 판단해 멀리하고 있다.

　가톨릭 신자로서 가톨릭 대학교에서 가르치지만, 여성신학을 교과과정의 중요한 축으로 삼는 나는 종종 신자로서 정체성, 또 가톨릭 대학교의 교수로서의 의무와 여성신학의 가르침이 갈등을 일으키지는 않는지 질문을 받고는 한다. 내 대답은 '갈등은 당연한 것이고, 그 갈등 속에서 창조적인 긴장(creative tension)을 찾는다'는 것이다. 갈등과 질문은 신앙의 적이 아니라 신앙의 일부다. "저는 믿습니다. 그러나 제 믿음이 부족하다면 도와주십시오"(마르코 9, 24)라고 청했을 때 예수는 기꺼이 자비의 손을 내밀어주지 않았는가. 갈등과 질문이 없는 신앙은 넓고 깊게 삶에 뿌리내리지 못하고 독선과 아집이 되기 쉽다. 묻고 고민하는 신앙은 바람에 흔들리는 갈대처럼 휘청거리지만 쉬이 꺾이거나 뿌리째 뽑히지 않는다.

출산과 낙태, 결혼, 이혼, 여성사제 등 민감한 사안들에 있어 가톨릭 교회와 페미니즘은 확실히 갈등을 일으킨다. 그러나 가톨릭 교회와 페미니즘의 갈등은 이거냐 저거냐 선택을 요구하는 것으로 받아들이기보다, 그 갈등을 통해 성찰과 식별을 추구할 수 있는 계기로 받아들여야 한다. 페미니즘은 많은 이들이 오해하는 것처럼 단순히 '여성의 권리를 남성의 것과 수치적으로 동등하게' 만들거나, '남성 중심의 사회를 전복시키려는' 이데올로기나 정치적 입장이 아니다. 페미니즘은 '여성을 위한 운동'이기보다 여성과 남성이 함께 살아가는 세상을 위한 운동이다. 모든 인간의 존엄성을 위한 삶의 기본적 조건, 즉 인간이 태어나 죽기까지 생각하고, 판단하고, 말하고, 다른 이들과 공동체를 이루며 살아가는 데 필요한 삶의 양식을 성별에 치우침 없이 만들고자 하는 운동이다. 따라서 페미니즘은 교회의 가르침을 거부하거나 위협하는 것이 아니라, 여성의 경험이 삭제되어 있는 교회의 전통과 여성의 의사결정권이 배제되어 있는 교회의 구조에 창조적 긴장을 일으키는 질문으로, 교회의 완덕을 추구하기 위한 건강한 도전으로 받아들여야 한다.

가톨릭 신앙과 페미니즘을 선택의 문제로 보는 이들은 교회가 이제껏 유지하고 발전시켜온 전통의 의미를 오해하는 경우가 많다. 제2 바티칸 공의회에 큰 영향을 끼친 이브 콩가르Yves Congar 추기경은 전통을 보수주의를 넘어선 "연속성"이자, 나아가 교회의 역사를 관통하여 새로운 흐름을 만드는 "운동과 진전"이라 정의한다. 추기경의 글을 인용하자면,

전통은 교회가 수세기를 통해 고양시켜온 긍정적인 가치를 포함하고 보존하지만, 이는 단순히 과거를 반복하기 위한 것이 아니라 진전의 토대를 마련하기 위한 것이다. 그런 의미에서 전통은 기억이다. 기억은 우리의 경험을 풍요롭게 한다. 아무것도 기억할 수 없다면 앞으로 나아갈 수 없다. 그러나 우리가 과거를 반복하며 노예처럼 묶여 있을 때 또한 한 발짝도 나아갈 수 없다. 진정한 전통은 복종이 아니라 신실함이다.[*]

즉 전통은 단순한 보수주의나 교리를 보존하고 수호하는 틀이 아니라, 역사를 통해 획득한 긍정적인 가치를 매개로 과거와 현재를 연결하는 유기적 통로라는 말이다.

따라서 전통을 이해하는 데 출발점이 되는 것은 과거의 유산뿐 아니라 우리가 살고 있는 지금 여기, 우리 시대의 상황이다. 또한 전통을 이어간다는 것은 복음에 대한 교회의 가르침을 단순히 보존하고 반복하는 것이 아니라, 복음을 해당 시대의 언어로 번역하고 삶으로 살아내는 것이다. 오로지 시대와의 대화와 조응을 통해서만, 전통은 살아 있는 영향력으로서 신자들의 삶 속에 파고들 수 있다. 예수가 유대교의 가르침을 창조적으로 해석하여 복음을 선포했던 것처럼, 사도들이 유대교와의 긴장을 유지하며 그리스 로마 문화를 탄력적으로 적용하여 복음을 전파했던 것처럼 말이다. 가톨릭 교회는 신앙을 기반으로 전통과 상황을

---

[*] Yves Congar, *The Meaning of the Tradition* (San Francisco, CA: Ignatius Press, 2004), 서문.

탄력적으로 조명하고 성찰하는 가운데 성장해왔다. 복음의 메시지와 교회의 가르침이 시대와 삶과 신앙에 역동적으로 관계하기를 그칠 때 발생하는 것이 '전통주의'라는 퇴행적 가치다. 옛 가치에 대한 보존과 반복만이 최선이라 믿고, 질문하거나 대화하지 않는 '전통주의'는 교회가 이천 년 가까이 계승해온 전통이 아니다.

그런 의미에서 여성신학은 가톨릭 전통과 페미니즘이라는 시대적 요구를 조율하는 중요한 역할을 맡고 있다. 가톨릭 여성신학은 교회의 역사에서 사라진 여성의 역사를 복원하고, 교회의 의사결정 구조에서 제거된 여성의 목소리를 살려내어, 반쪽짜리 전통으로 이제껏 유지해온 교회의 전통을 온전한 전통으로, 온전한 삶의 전승으로 재건하는 신학이다. 여성신학은 예수의 복음이 남녀 모두에게 선포된 해방의 복음이었으며, 남성들뿐 아니라 여성들의 삶과 신앙이 없이는 복음의 전승이 불가능했으리라, 그리고 앞으로도 불가능하리라는 믿음에서 출발한다. 따라서 전통은 여성신학의 걸림돌이 아니라 비옥한 토양이며, 여성신학은 전통을 거부하는 이념이 아니라, 전통과 시대가 함께 호흡할 수 있도록 돕는 선물이다.

부활의 기쁨을 사도들에게 전하는 성녀 마리아 막달레나

비둘기나 까마귀나, 희거나 검거나

보기에 불편했다. 2014년 1월 26일 프란치스코 교종이 우크라이나의 평화를 기원하며 어린이들과 함께 날려 보낸 새하얀 비둘기들이 때마침 날아든 덩치 큰 까마귀와 갈매기에 의해 무자비하게 공격을 당했던 장면 말이다. 하지만 사건 자체보다 더 마음을 꺼림칙하게 했던 것은 일파만파 인터넷에 회자된 사건에 대한 '해석'들이었다. 그중 대다수는 하얀 비둘기를 평화와 선의 상징으로, 거무죽죽한 까마귀와 갈매기를 죽음과 폭력과 악의 상징으로 단정하며 이 사건을 불길한 징조, 하느님의 경고, 교황과 바티칸의 미래에 대한 은유로 읽어내고 있었다.

심지어 미국의 대표 일간지 중 하나인 《워싱턴 포스트》의 외교 전문 블로거인 맥스 피셔Max Fisher조차, 이 사건을 "프란치스코 교황 즉위 후 지난 1년간을 모습을 정확히 보여준 메타포"라고 표현했다(1월 27일자). 피셔는 "즉위 이후 교황이 시리아 내전, 동성애, 우크라이나 반정부 시위 등 주목할 만한 현안에 목소리를 내왔지만, 냉담한 현실의 벽에 부딪혀 큰 성과를 내지 못했으며, 이는 마치 교황이 날려 보낸 평화의 비둘기들이 모두 내쫓긴 것과 같다"라고 평했다. 묵시적인 의미를 담지는 않았지만, 하얀 비둘기들을 평화를 위한 교황의 노력으로, 검은 까마귀와 비둘기를 방해 세력으로 비유하는 고전적인 상징을 채택한 것은 마찬가지이다.

해프닝으로 끝날 수도 있었던 이번 사건이 마치 어마어마한 은유적, 묵시적 의미를 담고 있는 것처럼 부풀려지고 있는 이면에는 교종의 개혁에 대한 우려의 시각이 한 몫을 하고 있는 듯 보인다. 게다가 구약 성서로까지 거슬러 올라가는 비둘기와 까마귀에 대한 상징적 의미 또한 더해져 근거 없는 망상을 부채질하고 있는 것이다. 비둘기는 특별히 평화로울 것도 없고, 다른 새들 못지않게 자신의 영역과 먹잇감에 민감한 평범한 새일 뿐이다. 오히려 까마귀는 먹성이 지나치게 좋아 죽은 동물도 안 가릴 뿐, 제짝을 사랑하고 무리를 아끼는 마음은 인간에게조차 귀감이 되는 새로 알려져 있다. 따라서 비둘기를 선의 상징으로, 까마귀를 악의 상징으로 보고 이 사건을 불길한 징조로 읽어내는 것은 오래된 상징에 길들여진 사고가 만들어낸 편견이다.

은유와 상징은 상상력의 근간이며, 의식과 잠재의식을 통해 우리의 사고에 영향을 끼친다. 은유와 상징을 만들어내는 것은 사실 인간이 가진 독특하고도 귀한 재능이다. 인간은 상징과 은유를 통해 물질과 물질의 관계성을 찾아내고, 자신과 세상의 관계를 가늠하고, 보이지 않는 것을 상상하고 꿈꾸며, 마침내 자신의 영역을 초월한 성스러움을 삶과 언어로 끌어들여 호흡한다.

그러나 문제는 이러한 상징들에 관습적 사고와 이데올로기가 덧붙여진다는 것이다. 오래된 상징, 자주 인용되는 상징일수록 문제는 심각하다. 비둘기와 까마귀의 경우도 예가 될 수 있겠다. 아무럴 것 없는 비둘기가 과분하게 하느님의 언약과 평화와 선을 상징하는 새로 승격되고, 반대로 까마귀는 악령과 죽음을 상징하는 비 호감 새로 전락하게 된 이면에는, 이 새들의 습성 자체에 대한 이해보다는 흰색을 선하고 아름답고 평화로운 것으로, 검은색을 악하고 추하고 음험한 것으로 여기는 관습적 사고가 숨어 있다. 흰색과 검은색의 상징적 편차는 백인 중심의 인종차별주의와 연관이 있다. 인종차별주의는 서구에만 만연해 있는 것이 아니다. '민족적 순수성과 순결함, 순혈주의'에 대한 근거 없는 신화를 추종하며 피부 색깔과 문화가 다른 외국인들을 배척하는 우리 사회의 인종차별주의 또한 이미 심각한 수준에 이르렀다.

프랑스의 철학자 폴 리쾨르Paul Ricoeur는 이러한 상징의 부작용을 경고하면서, 상징 해석학의 중요성을 강조한다. 해석학은 낡은 상징을 지금 여기 우리의 삶과 연결하여 점검하고 변화하는 삶의 양식들에 견주어 비판한다. 오해로부터 진정한 이해로 나가기 위해서는 이러한 '교정적 비판'의 역할이 중요하다. 이 과정을 거치지 않은 상징은 낡고 억압적인 관습과 교리와 생활 방식에 우리를 묶어둘 뿐이다. 상징이 낡고 병들었다는 것이 파악되면, 익숙하고 보편적인 것이라 할지라도 과감하게 도태시켜야 한다. 불길하고 추한 것은 그저 본능에 따라 움직인 까마귀와 갈매기가 아니라, 바로 이 케케묵은 상징과 상징을 따라다니는 관습과 이데올로기들이다.

바티칸에서 날려 보낸 비둘기들이 까마귀와 갈매기들의 습격을 당한 것은 이번이 처음이 아니다. 작년 1월 전임 교종 베네딕토 16세가 비둘기를 날려 보냈을 때도, 근사하게 날갯짓 한번 못한 채 건물 주변을 떠돌던 물정 모르는 비둘기들은 그만 주변을 떠돌던 갈매기들의 표적이 되고 말았다. 이탈리아의 국민동물보호협회는 바티칸에서 비둘기를 방사하는 의식이 결국 사육된 비둘기들을 야생 조류의 먹잇감으로 던지는 것과 마찬가지라며 잔인한 관행을 중지할 것을 요청하는 캠페인을 벌여왔다. 또한《내셔널 지오그래픽》의 조류 전문가인 멜 화이트Mel White에 따르면 바티칸뿐 아니라 각종 의식에 사용되는 '순백의 비둘기'란 사실 수백 년의 사육과 품종 개량을 통해 만들어진 돌연변이들이다. 동물은 자신의 보호색을 타고나기 마련이다. 그렇듯 눈부시게 창백한 흰색 비둘기는 인간이 자신들의 목적을 위해 인위적으로 만들어낸 욕심의 결과이며, 따라서 야생 조류들의 표적이 되는 것이 당연하다.

　이번 사건이 바티칸에서나 어디에서나 비둘기를 날려 보내는 낡은 의식을 사라지게 하는 계기가 되면 좋겠다. 애꿎은 까마귀가 마치 교황의 평화를 가로막는 악의 전령인 것처럼 간주되는 일 또한 없어야 할 것이며, 프란치스코 교종의 평화를 향한 노력에 불길한 기운이 드리워질 것이라는 걱정도 사라져야 할 것이다. 그러나 무엇보다도, 타고난 생김새에 따라 생명을 차별하는 악한 습성이 암암리에 우리 의식에 깊이 뿌리박혀 있다는 것을 반성하는 계기가 되기를 바란다. 하느님 보시기에는 비둘기나 까마귀나, 희거나 검거나 모두 어여쁜 생명이다.

'선량한' 인종차별주의자들

흑인들의 삶은 중요하다(Black Lives Matter)! 고통스럽고도 절박한 이 외침이 미국 전역에 울려 퍼지고 있다. 46세 아프리카계 미국인 조지 플로이드가 백인 경찰관 데렉 쇼빈의 무릎에 짓이겨 아스팔트 위에서 죽어가던 8분 46초. 이 아득하게 괴로운 시간은 단지 피부색이 검다는 이유로 미국 사회 흑인들이 겪어야 했던 억압과 분노의 세월을 살인이라는 결과로 압축한다. 2020년 6월 미국의 Black Lives Matter 운동은 단순히 경찰 폭력에 대한 징벌을 요구하는 시위가 아니다. 이제 이 운동은 총체적으로 망가진 시스템을 교정하고자 하는 비폭력 혁명으로, 인종과 연령을 초월한 온 국민의 평화 시위로 발전했다.

이 시위에는 그리스도인들의 존재감도 크다. 많은 평신도와 수도자와 사목자들이 피켓을 들고 마스크를 쓰고 거리에 나서거나 기도를 통해 변화의 기류에 동참하고 있다. 특히 추기경이자 흑인으로서는 최초로 워싱턴 대교구의 대주교로 부임한 윌튼 그레고리Wilton D. Gregory 신부는 인종차별이 모든 인간이 하느님의 형상대로 지음 받았다는 성서의 가르침을 거스르는 죄악임을 분명히 하며, 그리스도인들의 직간접적인 동참을 뜨겁게 격려하고 있다.

그러나 교회의 양극화 현상은 미국도 한국 못지않게 심각하다. 그레고리 대주교와 마틴 신부와 같이 예언자적 목소리를 내며 사회적 교리를 실천하는 그리스도인들도 있지만, 시위대를 줄곧 '폭도', '좌파'로 비난하며 노골적인 인종차별적 발언을 하고 있는 대통령 트럼프를 지지하는 이들의 중심에도 그리스도인들이 있다. 대다수는 개신교 복음주의자들, 특히 백인 복음주의자들(White evangelicals)이고, 그 뒤를 잇는 것이 보수적인 천주교 신자들이다. 이들은 연방군 투입까지 고려하며 시위대를 폭력 진압하려는 트럼프에게 박수를 보내고, 그가 신의 "갑옷"을 입었다고 환호하고, "신이 그에게 힘을 주셨다"며, "그가 이제 신과 함께 예리코로 향할 것이다!"라며 열광한다. 이들은 그레고리 대주교가 트럼프에게 정중하고 공식적인 사과를 해야 한다고 주장하는 온라인 서명을 작성하고 대주교를 향해 험악한 혐오 발언을 퍼붓는다.

왜 보수적인 그리스도인들은 트럼프를 지지하는가? 물론 낙태나 성소수자와 관련된 정책 때문에 지지하는 이들도 많지만, 그보다는 인종차별주의와 맥을 같이하는 그들의 가치관이 더 근본적인 이유다. 인종차별은 하나의 이념이나 유형으로 정리될 수 있는 개념이 아니다. 큐클럭스클랜The Ku Klux Klan과 같은 인종차별주의 테러리스트들의 수도 만만치 않지만, 일상에서 만나는 이들 중에 노골적으로 인종차별주의를 드러내는 이들은 사실 쉽게 찾을 수 없다. 차별의 스펙트럼도 넓고, 표현되는 방식도 다양하며, 본인이 차별을 하고 있다고 의식하지 못하는 소위 '선량한' 차별주의자들도 많다. 더구나 트럼프를 지지하는 보수적인 그리스도인들 중에는 극렬한 근본주의 신봉자들뿐 아니라, 겉으로 보기에 성실하고 근면하고 친절하고 사랑이 많은 '평범한' 이들도 포함되어 있다. 온건한 얼굴을 하고 있는 이들의 인종차별주의는 잘못 이해하고 있는 '그리스도교적 가치' 때문인 경우가 많다.

개신교 복음주의자들은 교리처럼 공고하게 '그리스도교적 가치'가 되어버린 소위 '프로테스탄트 윤리'가 미국의 정신이자 신앙인의 삶의 자세라고 생각한다. 이들은 '그리스도인에게 직업은 신의 선물이고, 그 일에 근면하고 금욕적으로 임해야 하는 것이 신자의 의무이며, 그렇지 않다면 신이 부여한 재능을 허비하는 것이고 현세에서의 신의 명령과 축복을 거부하는 죄'라는 믿음에 바탕을 두고 세상을 살아간다. 충실하게 신자의 의무를 수행하는 이들에게 신은 물론 물질적인 번영을 약속한다.

'그리스도교적 가치'를 모든 판단의 근거로 사용하는 그들에게는 다양한 사회악들—가난, 인종차별, 젠더 차별, 이민/난민 문제 등—을 구조적인 문제로 파악할 비판적 시각이 없다. 세계 최강국의 시민으로서 누리는 모든 삶의 조건이 실은 흑인 노예들을 착취한 결과라는 것을 인식하지 못한다. 따라서 이들은 구조적인 차별로 말미암아 교육 혜택을 못 받고 만성적인 실업을 경험하는 흑인들을 "게으르고 무능력하고 이기적인 죄인들"이라 혐오한다. 사회복지 정책은 나태한 자들에게 빌미를 주어 게으름을 증폭시키는 몹쓸 정책에 불과하다, 또 이민자들과 난민들은 자신들이 애써 일구어놓은 땅에 갑자기 들어와 직업을 뺏고 무임승차하려는 약탈자들이다, 이렇게 생각한다. 이들은 결코 자신들이 기득권자라고 생각하지 않는다. 오히려 각종 '공산주의' 정책에 의해 정당한 노동의 대가를 빼앗기고 사는 피해자라고 생각한다. 이들은 자신들이 유색인종이나 이민자들을 싫어하는 게 아니라, 성서가 가르치는 대로 살지 않는 '나태한 자들', '이기주의자들', '죄인'들에 대해 신앙인으로서 '정당한' 권리를 요구하고 있다고 믿는다.

천주교 신자들은 어떨까? 미국의 보수적인 천주교 신자들은 세상의 변화가 두렵다. 이들은 살면서 원칙으로 삼아야 할 것은 교회의 전통 안에 이미 다 들어 있고, 다만 그 가르침을 따르며 살 수 있기를 간절히 원한다. 굳어진 전통은 죽은 것이며, 상황에 맞는 해석이 적용되어야 전통이 살아 있게 된다는 것을 받아들이지 않는다. 따라서 이들은 자신들이 수호하고 싶어 하는 '하느님이 세운 질서인 자연법에 따라 살아가는 세상'이 실은 백인과, '보편적인' 성적 지향을 가진 이들과, 그리스도인들에게만 평화로울 것이라는 생각은 하지 않는다. 아이러니하게도 이 보수적인 천주교 신자들 그룹은 백인 복음주의자들에 비해 인종적 분포가 다양하다. 백인뿐 아니라 전통적인 천주교 문화에서 자란 한인 교포들을 비롯해 많은 이민자 신자들, 가난하고 어려운, 신앙밖에는 의지할 곳이 없는 신자들 또한 이 그룹에 포함되어 있다.

그렇다면 인종차별에 대해 성서와 교회는 무엇을 가르치고 있는가? 인종차별은 명확하게 하느님을 거부하는 죄악이다. 사람이 타고난 조건을 빗대어 차별하는 것은 그 사람을 지으신 하느님의 뜻을 부정하는 것이며, 그이 안에 있는 하느님의 형상을 혐오하는 것이다. 사람이 사람을 미워하는 것을 허락하고 정당화하는 자연법은 하느님의 법이 아니다.

미니애폴리스의 조지 플로이드 추모 벽화 (사진출처: dreamstime.com ID 193061343) ⓒ Karuthompson

Jesus, Guns, Babies?

2022년 5월 23일, 미국 텍사스주 유밸디 소재의 초등학교에서 총격 사건이 있었다. 뉴욕주 버팔로의 슈퍼마켓에서 흑인 열 명이 18세 백인 청년의 총에 맞아 숨진 지 열흘 만에 발생한 사건이다. 유밸디의 범인도 18세 청년이다. 그는 생일을 자축하기 위해 구매한 총으로 가장 먼저 자신의 할머니를 쏜 후 어린아이들이 있는 학교로 향했다. '자신의 삶을 넘치도록 사랑하던', '엄마와 형과 춤추는 것을 가장 좋아하던', '방학 때 가족들과 여행할 계획으로 부풀어 있던' 푸르른 아이들 열아홉 명과 교사 두 명이 그의 총에 사망했다. 언제나처럼 사회적 공분이 일고 언론은 추모와 애도로 일렁였지만, 일주일 뒤에는 오클라호마에서, 그 이틀 뒤에는 아이오와에서 총기 난사가 이어졌다. "미국의 일상적인 장소들이 킬링필드(대학살의 현장)로 바뀌고 있다. 이번에는 정말 뭔가 해야 한다." 라는 조 바이든 미 대통령의 절박한 연방의회 연설에도 불구하고, 이번에도 총기규제법 통과는 이루어지지 않을 것이라는 비관론이 앞선다.

총기 난사는 미국인들의 일상이 되었다. 2020년 한 해만 해도 4만 5천 명 이상이 미국에서 총으로 목숨을 잃었다. 그중 반 이상이 스스로에게 총을 겨누었다. 10년 전인 2010년에 비해 43퍼센트 이상 증가한 수치이다. 2017년 통계 조사(Small Arms Survey)에 의하면 미국인들은 100명당 120.5정의 총기를 소유하고 있는데, 등록되지 않은 총기까지 감안한다면 그 수치를 훨씬 웃돌 것으로 추정한다. 현재 미국의 26개 주에서는 '무허가 총기 휴대 법안'이 실행되고 있다. 대형마켓에서 생필품 사듯 총을 구매하고, 반짝반짝 닦아 멋들어지게 장식해 지갑이나 주머니에 넣고 다니며 언제든지 장전하여 사람을 겨눌 수 있도록 법이 보호하고 있는 것이다. 팬데믹 이후 불안과 혐오가 가중된 사회에 총기는 더욱 큰 위협이 되고 있다. 2019년과 2021년 사이에는 750만 명이 새로이 총기 소지자가 되었다.

Jesus, Guns, Babies. 어떻게 들리는가? 기이하게 느껴질 만큼 어울리지 않는 단어들의 조합이지만, 조지아의 미 공화당 주지사 후보인 캔디스 테일러Kandiss Taylor가 선거운동에 내세운 캐치프레이즈이자, 요즈음 미국의 공화당 이념을 잘 요약하는 단어들이자, '백인 그리스도인들의 유토피아'를 추구하는 보수적인 미국인들의 정서를 대변하는 문구이다. 이들이 미국을 '구원'하기 위한 프로젝트의 중심에는 'Jesus'(오직 예수), 'Guns'(무기 휴대의 권리를 규정하는 수정헌법 2조), 그리고 'Babies'(낙태 반대, 성소수자 반대, 이성애 핵가족 유일주의)가 있다. 안타깝게도, 그리고 너무나 부끄럽게도, 총기 소유를 부추기는 많은 이가 추종하는 세력이 바로 그리스도교 이념을 따르는 자들이다.

2017년 퓨 리서치 센터Pew Research Center 조사 결과에 따르면, 미국의 백인 복음주의자들은 다른 그룹들에 비해 총기 소유를 지지하는 확률이 월등히 높다. 이들은 또한 교회, 학교, 관공서 등 공공장소에서 개인이 총기를 휴대할 수 있도록 해야 한다고 목소리를 높이기도 한다. 초등학교에서 총격이 벌어졌는데, 총기를 규제하는 것이 아니라 교사가 무장하고 수업에 들어가야 한다는 이상한 주장을 하는 이들 중 많은 이가 그리스도인이다. 이들은 대체 어떻게 복음이 총기 소지를 정당화한다고 믿게 된 것일까?

『예수와 존 웨인: 복음주의자들이 어떻게 신앙을 타락시키고 국가를 분열시켰는가(Jesus and John Wayne: How White Evangelicals Corrupted a Faith and Fractured a Nation)』의 저자인 크리스틴 코베스 뒤 메즈Kristin Kobes Du Mez에 따르면, 개신교 백인 복음주의자들 대다수는 그리스도인들이 '총을 든 좋은 사람'이 되어야 한다는 믿음을 갖고 있다. 그들은 세상이 악에 물들어 있고, 악의 세력을 물리치고 질서를 유지하기 위해 폭력이 필요하며, 따라서 '양치기'가 되어 가족과 자신을 보호하는 것이 하느님이 부여한 의무라고 생각한다. 이들에게 세상을 악으로 물들이는 '적'들은 이민자들, 무슬림들, 유색인들, 성소수자들이다. 이들은 자신들이 예수님을 열렬히 따르는 진정한 신앙인임을 의심치 않으며, 아이들의 영과 육을 '안전하고 건강하게' 길러내기 위해 성경공부와 총기 훈련 프로그램을 동시에 제공하는 '총알과 성경(Bullets and Bibles Conference)'이라는 캠프를 열기도 한다.

이들에게 예수는 어떤 의미일까? "가난한 이들에게 기쁜 소식을, 잡혀간 이들에게 해방을, 눈먼 이들을 다시 보게 하고 억압받는 이들을 자유롭게 하기 위해"(루카 4, 18-19) 오신 파스카의 희생양과는 거리가 먼 듯하다. 자신들이 적으로 규정한 이들처럼 취약하고 가난한 이들을 위해 예수가 세상에 왔다는 것을, 그러므로 자신들이 겨누는 총구의 끝에 예수가 있다는 것을 이들은 알고 있을까?

그들의 삶과 죽음

2018년 12월 4일, 미국 디트로이트에 살았던 열여덟 살 대학생 메이슨이 자살로 목숨을 잃었다. 정열적이고 다정하고 성실했던 아름다운 청년 메이슨이 자살을 하게 된 경위에 대해서는 밝혀지지 않았다. 가족들은 메이슨의 장례식에서 그의 슬픈 죽음보다 짧지만 빛났던 삶을 기억하고 그가 떠나는 길을 축복하고 싶었다. 그들은 장례미사를 집전할 신부님을 만나 강론 중에 자살을 언급하지 말고 그의 죽음보다는 삶을 강조해달라고 특별히 부탁했다. 하지만 신부님의 장례미사 강론은 가족들에게 상처를 주었으며, 결국 디트로이트 교구와 담당 사제를 상대로 소송을 하게 되었다. 아래는 강론의 일부이다.

"우리는 나쁜 것을 선이라고 부르지 말고, 그른 것을 옳다고 말하지 말아야 합니다. 우리는 그리스도인이기 때문에, 스스로의 목숨을 앗아가는 것은 하느님과 우리를 사랑하는 모든 사람을 대적하는 행위라는 것을 분명히 해야 합니다."("A priest condemned suicide while speaking at a teen's funeral." CNN, 2018년 11월 20일)

만약 신부님이 교리를 문자 그대로 전달하기에 앞서 사랑하는 이를 잃은 가족들의 마음을 세심하게 살피고 보듬었다면 어땠을까?

교회는 자살을 대죄로 간주한다. 비록 장례미사를 금지하는 이들의 목록에 자살자를 포함시켰던 교회법이 바뀌어 장례미사와 연미사를 제한적으로 허용하게 되었고(1983년 법전), 자살을 "창조주의 영예를 극도로 모욕하는"(성 요한 바오로 2세 회칙 「생명의 복음」) 행위로 간주했던 과거에 비해 표현 방식은 많이 누그러졌지만 「가톨릭 교회 교리서」는 여전히 자살이 죄라는 입장을 분명히 하고 있다. 생명은 하느님이 주신 선물로, 인간은 생명의 관리자일 뿐 소유주가 아니기 때문에 타인의 생명은 물론 자신의 생명 또한 "마음대로 처분할 수 없고," "저마다 자기에게 생명을 주신 하느님 앞에서 자기 생명에 책임을 져야"하기 때문이다(제2280항).

그러나 자살을 '죄'로 표현하는 교리서의 조항이 자살자를 단죄하는 관행을 정당화하는 것은 아니다. 그리스도교의 죄론은 심판과 징벌을 통해 죄를 해소하는 규범구조를 갖고 있는 형법의 규범체계와 다르다. 하느님과의 관계가 깨어진 상태가 죄이고, 따라서 은총을 통한 용서와 관계 회복을 통해 죄가 해소된다. 판단과 정죄보다 하느님과의 관계가 깨어지게 된 상황에 대한 이해를 강조하고 있다. 교회에서 자살을 '죄'로 규정하는 것은 회복의 필요성을 강조하고 예방과 보호에 힘쓰고자 함이지 자살자를 죄인으로 선포하는 것이 아니다.

OECD 회원국 중 자살률 1위라는 불명예를 안고 사는 우리 사회에서 과연 자살이 항상 자유의지에 의한 선택의 문제일지도 다시 생각해 보아야 할 것이다. 승자 독식의 경쟁 지상주의 사회에서 극심한 빈곤에 내몰려 결국 삶을 마감한 2014년 송파 세 모녀 사건, 암과 희귀병, 갈수록 불어가는 빚에 시달리다 결국 숨을 끊은 바로 얼마 전 수원 세 모녀 사건의 희생자들에게 자살이 과연 선택이었을까? 밀린 집세를 유서와 함께 남긴 그들, 장례를 맡아줄 이도 없어 무연고자로 처리된 쓸쓸한 그들의 마지막 가는 길을 위해 수원교구에서는 두 분의 신부님이 장례식장을 방문하여 연령회 회원들과 기도로 함께했다. 이렇듯 자살자들을 위해 공동체가 함께 기도하도록 이끌고, 상처받은 이들을 보호하고 위로하여 자살을 예방하는 것이 사목자의 본분이다.

자살은 양극화와 분배 불평등 등을 근본적인 원인으로 하는 사회적 문제이며, 돌봄의 사각지대와 정신건강의 문제를 경시하는 풍조에서 발생하는 공중 보건의 문제이다. 교회는 선택지를 찾기 힘든 극단적인 상황에 몰린 이들과 스트레스와 우울증에 짓눌려 심각한 정신건강의 문제를 안고 살아가는 이들, 또 자살로 사랑하는 사람을 잃고 실의와 비판에 빠져 있는 이들을 외면하지 말아달라는 하느님의 요청을 따른다. 이런 의미에서 자살을 "극단적 선택"이라는 말로 우회적으로 표현하는 풍조도 재고되어야 할 것이다. 자살을 선택으로 표현하는 방식은 사망한 사람뿐 아니라 유가족에게도 낙인이 되며, 그들의 죽음을 방조한 사회적 책임 또한 간과하게 하기 때문이다(《김현정의 뉴스쇼》, 2022년 7월 20일, 나종호 교수 인터뷰 중에서).

메이슨의 장례식에서 발생한 일은 그리스도를 따르는 삶에서 무엇이 우선되어야 하는가에 대해 중요한 질문을 던진다. 성서와 교회의 가르침은 어느 경우에 있어서든 사랑과 용서를 강조한다. 오직 하느님만이 한 인간을 그토록 절망적인 선택으로 몰아넣은 이유와 그의 마지막 순간을 아신다. 그리고 하느님은 어느 누구도 거부하지 않으신다.

사랑이 부족해서가 아니다

정인 양 사건에 대한 국민적 관심과 분노가 크다.[*] "#정인아미안해" 해시태그 운동과 부모인 장 씨, 안 씨에게 살인죄 적용을 요구하는 청원이 이어지고 있으며, 아동학대 근절을 위한 각종 정책 마련을 촉구하는 제안들도 쏟아지고 있다. 그 작은 몸이 멍들고 부서지고 깨지고 끊어질 때까지 폭행을 가해 사망에 이르게 한 범죄는 이루 말로 표현할 수 없을 만큼 악질적이고, 그에 대한 공분은 당연하며, 이러한 아동학대가 재발하지 않도록 시스템을 강화하는 일은 물론 우리 모두의 책임이다. 그러나 우리의 분노가 아동학대 '근절'로 이어지려면 보다 더 근본적인 질문이 따라야 하지 않을까.

아동학대에 대한 불편한 진실은 깊고 오래다. 부모의 학대와 폭력으로 짧은 생을 마감한 수많은 정인 양들의 이야기는 알려진 것보다 잊힌 것이 더 많다. 2020년 10월 보건복지부가 발표한 '2019년 아동학대 주요통계'에 따르면, 2019년 한 해에 학대로 숨진 아동은 42명에 달하며, 그중에서도 자신의 의사를 표현할 방법이 제한적인 1세 미만의 아동들

---

[*] 정인 양 사건, 혹은 양천구 아동학대 사건은 2020년 10월 13일 서울 양천구에서 발생한 살인사건으로, 생후 8개월의 여자아이를 입양부모가 장기간 심하게 학대하여 16개월이 되었을 때 숨지게 했다.

이 절반에 가까운 19명(45.2%)이다. 42명의 아동을 살해한 가해자는 53명으로 이 중 친부모가 46명이다.* 아동 폭력을 포함한 가정폭력은 팬데믹 발생과 더불어 더 빈번해지고 더 수위가 높아지고 있다. 가족이 함께하는 시간이 많아지고 물리적 거리가 좁혀지자 오히려 폭력이 심화되고 있다는 사실은 무엇을 말하는가? 그 부모들이 악하기 때문일까? 자식들을 사랑하지 않아서일까? 내 생각은 다르다. 아동 폭력은 사랑이 부족해서 발생하는 폭력이 아니다. 사랑이라는 이름으로 오랜 세월 정당화되어왔던 가정 내 권력이 폭력으로 전화하는 것이다.

아이를 '사랑으로 보살펴야 한다'고 할 때, 그 사랑은 흔히 아이에 대한 '애정'을 일컫는다. 이 애정은 사랑에 대한 낭만적인 정의, 즉 사랑을 신비스럽게 포장하는 관념에 맥락이 닿아 있다. 맹목적이고 무의식적이고 이성을 초월하는 사랑, 끊임없이 샘솟아 마르지 않는 사랑만이 '진짜' 사랑이라 믿는 관념 말이다. 이때의 사랑은 의지와 무관하게 자연스레 우러나는 감정으로 감각과 느낌과 직관에 좌우되며, 따라서 무조건적으로 애정을 주고 보살피는 것만이 사랑의 표현이며 의무라 믿게 한다. 그러나 감정에 몰두하는 것은 사랑의 한 요소일 뿐이다. 화학작용과 같은 그 신비로운 감정은 똑같은 강도로 영원히 지속될 수 없다. 또한, 자신이 누군가와 강력한 애정으로 연결되어 있다고 믿게 하는 사랑은 이

---

* 《오마이뉴스》 기사 "수많은 '정인이들' 절반이 1세 미만… 그럼에도 집행유예 나오는 까닭"(2021년 1월 14일).

성과 의지, 행위결정능력 바깥에 존재하는 것이기 때문에 이에 따른 행동의 책임 소재가 불분명해진다. 소유와 집착, 지배와 복종까지도 열정적 사랑의 표현으로 용인하는 것이다. 아이에게 상처를 주거나 학대를 하면서도 부모는 아이를 사랑하고 있다고 스스로 믿고 말하며, 분명 잘못된 방식으로 아이를 대하고 있음에도 불구하고 방식에 대한 점검보다는 사랑이 부족하다는 자타의 결론으로 이어진다. 애정만으로 지탱해온 사랑에서 그 애정이 약해진다면, 부모 자식 사이라 해도 남는 것은 강자와 약자의 권력 관계뿐이다. 정인 양을 입양하며 아이와 자연스레 정들기 기대했던 장 씨가 그 감정이 생기지 않자 결국 저지른 범죄를 보라. 낭만적인 사랑이 지배하는 친밀 관계는 폭력에 위태롭게 노출될 수밖에 없다. 사랑과 폭력이 공존할 수 있다고 믿는 문화, 아이를 지배하면서도 동시에 사랑할 수 있다고 믿는 문화는 사라져야 한다.

그렇다면 사랑이란 무엇인가? 문화 이론가이자 사회운동가인 벨 훅스Bell Hooks는, 정신 의학자 스콧 펙Scott Peck의 이야기를 빌려 사랑이란 "자기 자신과 다른 사람의 영적인 성장을 위해 자아를 확장하고자 하는 의지"에서 비롯된다고 말한다. 그저 신비로운 감정이 아니라, 사랑하려는 의지를 통해 나와 상대의 성장과 확장을 기도하며 매순간 선택하고 행동하는 것이 사랑이라는 말이다. 감정은 선택하거나 통제할 수 없지만 행동은 우리의 의지로 결정되고, 결과에 따른 책임을 져야 하기에 반성과 변화와 성장이 수반된다. 이러한 사랑은 당사자 둘만의 관계에 국한될 수 없고 사회적 관계망, 나아가 사회적 정의와 밀접한 관련을 갖는다. 아이를 부모나 어른의 소유물이 아니라 하나의 인격체로 바라보며 아이가 가진 시민으로서 기본권을 인정하도록 돕는다. 의지와 책임으로 이루어지는 이러한 사랑은 자연스레 습득되는 것이 아니라 적극적인 학습에 의해 배워가는 것이다. 그러므로 사랑 또한 배워야 하는 것이라고 인식하는 환경이 우선 조성되어야 한다.

불편한 이야기를 좀 더 해보자. 낭만적인 사랑의 관념은 친밀 관계를 위험에 빠뜨릴 뿐 아니라, 신앙공동체 또한 위협한다. 낭만적 사랑은 하느님과 우리의 사랑을 표현하는 데 있어서도 지배적인 관념으로 작용하기 때문이다. 하느님을 만나고 사랑에 빠진 회심의 첫 경험, 그 강렬한 감정의 강도를 유지하기 위해 우리는 불안해하며, 뜨거운 그 느낌이 식으면 나약해지고 신앙의 활력을 잃었다고 상심한다. 하느님에 대한 낭만적인 열정은 신앙의 동기가 될 수 있겠지만, 신앙의 전부가 될 수는 없다. 진정으로 예수를 알고 사랑하고 그이를 닮아 사는 삶은 의심과 실망과 무기력과 혼돈의 시간을 반드시 거쳐야 하며, 매순간 하느님을 향한 선택을 통해서만 가능한 평생의 여정이다. 예수의 사랑은 한여름 밤의 뜨거운 낭만이 아니었다. 그는 자신의 사랑에 책임을 지기 위해 기어코 사람이 되었고 이에 따른 죽음까지 받아들였다. 사랑을 한다는 것은 그러므로 예수의 그 사랑, 그 선택을 우리 일상생활의 윤리로 받아들이는 것이다.

낭만적인 사랑의 관념에 지배되어 있는 신앙공동체는 사랑하라는 말은 늘 주문처럼 읊지만 사랑에 관해 아무것도 배우려 하지 않고, 아무것도 가르치려 하지 않는다. 그 안에 숨어 있는 권력과 폭력의 문제를 무시하고, 의지와 책임의식을 마비시키며, 단지 사랑하면 모든 것이 평화로우리라 가정하는 잘못된 이데올로기를 강화한다. 유독 교회에서, 혹은 그리스도교 유사종교에서 성폭력, 아동 성폭력 사건이 많이 발생하는 것은 결코 우연이 아니다. 사랑이 부족해서가 아니다. 잘못된 사랑이 넘치기 때문이다.

하느님 나라와 '공정사회'

마태오 복음 20장 1-16절의 말씀은 일을 더한 일꾼에게나 덜한 일꾼에게나 똑같은 삯을 나누어주는 이상한 포도원 주인의 이야기를 담고 있다. 우리가 상식적으로 생각하는 공정의 관점으로 읽기에는 불편하다. 당시 예수의 말을 듣기 위해 모였던 민중들에게는 더욱 수긍하기 어려웠을 듯하다. 예수가 살았던 1세기 당시 팔레스타인에서 포도원은 땅을 빼앗기고 노동력을 착취당하던 히브리 민중들의 피눈물이 서린 장소였다. 총 인구의 5퍼센트에 해당하는 부유한 엘리트들은, 다양한 작물을 경작하던 소규모 농장들을 합병하여 거대한 포도원으로 개조한 후, 거기서 수확된 포도주를 로마로 보내는 과정에서 얻어지는 현금을 통해 부를 축적했다. 3년이나 지나야 쓸 만한 수확을 거두어들일 수 있는 포도 농사의 특성 때문에, 고용된 노동자들의 임금은 체불되기 일쑤였고 늘어가는 빚과 높은 세금은 그들을 헤어나기 힘든 가난의 늪으로 밀어넣었다.

이렇듯 소수 엘리트들의 배를 불리기 위해 민중들의 삶을 수탈하던 대표적인 장소가 포도원이었으니, 예수를 따라다니던 갈릴리 촌사람들은 포도원이란 단어만 들어도 넌더리가 났을 것이다. 예수는 왜 굳이 비유의 배경으로 포도원을 선택했을까? 하느님 나라는 지금 여기, 고통이 팽배한 냉혹한 현실과 무관한 것이 아니라 그 현실 속에서 다른 세상을 찾아나가는 비전이요 길잡이가 된다는 것을 말하려 했던 것이 아닐까.

그런데 비유를 곰곰이 짚어보면 더 당혹스럽다. 우선 이 포도원 주인은 현실에 존재하지 않을 법한 사람이다. 이윤을 내기보다는 일감을 창출하는 데 더 관심이 있어 보이는 이 기이한 농장주는, 청지기가 있는데도 불구하고 이른 새벽부터 자기가 직접 인력시장에 나가 일꾼들을 데려와 일을 시킨다. 아홉 시쯤 다시 장터에 나가니 노동자들이 더 있기에 그들도 데려와 일을 시킨다. 열두 시, 오후 세 시, 그리고 오후 다섯 시에도 나가보니 그때도 일을 찾는 이들이 있어 그들 또한 포도원으로 데려온다. 이윤을 목적으로 한다면 마지막 고용은 손해가 막심할 불필요한 고용이다. 상식적인 고용주라면 인력시장에서 하루 종일 선택되지 못했던 노동자들을 한 식경 일 시키자고 데려오지는 않을 것이다. 경쟁에서 저만치 밀려난 이들에게 과연 일할 '능력'이나 있을까. 그러나 이 농장주는 그들이 뒤처진 이유를 묻지 않고 일감을 준다. 일을 마감할 저녁시간이 되자, 주인은 노동자들에게 하루의 일당을 주는데 모두 동일하게 한 데나리온씩을 준다. 그뿐 아니라 가장 늦게 온 자들을 가장 먼저 불러 삯을 지불한다. 이쯤 되면 거의 의도적으로, 먼저 온 노동자들의 분노를 유발하려 한 게 아닐까 싶다. 항의하는 것이 당연하다. "막판에 와서 한 시간밖에 일하지 않은 저 사람들을 온종일 뙤약볕 밑에서 수고한 우리들과 똑같이 대우하십니까?"(20, 12) 일한 만큼 받는 것이 노동자들의 마땅한 권리인데, 주인의 행동은 공정치 않다. 더구나 줄조차 뒤에 세워 무시하다니, 능력과 효율성에 자존심을 걸어온 자신들의 가치조차 무시받는 듯하다.

　여기서 우리는, 먼저 온 일꾼들과 포도원 주인이 생각하는 '노동의 정의正義'와 '공정'에 대한 관점이 서로 대립하는 것을 본다. 일꾼들은 개인의 능력과 그 능력을 정당하게 사용한 데 따른 실적이 임금을 받는 기준, 즉 사회적 자원을 배분하는 기준이 되어야 한다고 생각한다. 건장한 몸과 숙련된 기술로 새벽부터 시장에 나와 가장 먼저 선택되어 하루의 일을 거뜬하게 감당할 수 있었던 자신들이, 시장에서 도태되어 현장에 늦게 도착해 고작 한 식경 일한 자들보다 월등한 대우를 받아야 한다는 것이다. 말하자면 기회의 공정과 과정의 공정, 즉 '시험과 스펙의 공정'을 주장하고 있다. 반면 포도원 주인은, 모든 노동자가 똑같은 조건을 갖고 시장에 나와 경쟁하지는 않는다는 것을 알고 있다. 시험을 잘 보고 화려한 스펙을 가질 수 있는 조건과 능력의 차이가 과연 공정한가 의심한다. 그는 여러 차례 직접 인력시장에 나가 경쟁에서 도태된 노동자들을 만난다. 일감을 얻고 싶어도 얻을 수 없는 실업자들의 처지를 알고 있고, 취업에서 소외되는 이들이 겪는 상실감과 굴욕, 빈곤의 악순환을 알고 있는 것이다.

　그러나 그가 생각하는 정의는 '시혜적 온정주의'와는 다르다. 그는 스펙이 부족하여 시험에서 떨어진 노동자들에게 한 데나리온을 그저 쥐여주지 않았다. 적선하는 대신 일할 자리를 만들어주고, 그들이 할 수 있을 만큼 땀 흘린 대가를 당당하게 받아갈 수 있도록 했다. 그는 자신의 농장에 실질적으로 돌아올 이윤을 포기함으로써 뒤처진 노동자들이 잃었던 혹은 확보하지 못했던 노동의 권리를 되찾아주는 정의를 시행했던 것이다. 그리고 그는 항의하는 실력자들에게 전혀 미안해하지 않으며 말한다. "꼴찌가 첫째가 되고 첫째가 꼴찌가 될 것이오."(20, 16) 요즘 말로 바꾼다면 어떨까—당신이 가진 능력이 오롯이 당신의 것인지 생각해보시오. 당신처럼 실력과 기회를 가질 수 없었던 저이들이 놓인 상이한 처지와 삶의 조건, 저이들이 품고 있는 아직 펼칠 기회조차 없었던 가능성과 잠재력을 생각해보시오. 그리고 받을 몫을 이미 받았으면서도 동료들이 받아가는 몫에 불평하고 있는 당신의 모습을 보시오. 부끄럽지 않소—아마 이런 뜻이 아니었을까?

하느님 나라는 이 이상한 주인을 둔 포도원과 같은 나라라고, 예수는 말한다. '우수한' 사람들을 구별하여 혜택과 기회를 몰아주고, 사회에서 규정한 '정상적인' 신체적 조건과 양질의 교육과 풍족한 환경을 갖지 못해 '열등'해진 이들을 무한경쟁에 빠뜨리는 사회는 하느님 나라와 멀다. 공정사회라는 허울 좋은 이름을 가진 이 무간지옥은, 서로 다른 삶의 조건에 놓여 있는 다양한 사람들의 처지를 고려하지 않고, 이미 기울어진 운동장 안에서 자신에게 부여된 위치를 체념적으로 수용하게 만든다. 시험과 스펙을 앞세운 이러한 공정사회 담론의 가장 큰 폐해는 선택된 소수들을 제외한 대다수의 사람들이 각자도생만이 살길이라 믿으며 서로 적이 되어 밀치고 싸우는 사회를 만드는 것이다.

이러한 '공정' 담론에는 비정규직, 불안정 노동, 온라인과 오프라인을 넘나드는 끊임없는 성폭력, 20대 청년들의 자살 시도율, 이주 노동자들의 인권 박탈, 노인 소외, 한부모 가정의 자녀 양육, 성소수자 채용 과정과 직장 내 차별 등 대다수의 사람들이 적어도 하나씩은 경험하는 노동과 삶의 부당한 현실에 대한 문제제기가 들어설 자리가 없다. 예수는 말한다. 이 '공정사회'에서 가장 뒤처진 이가 하느님 나라에서 가장 먼저일 것이라고.

사각지대와 국외자들

어느덧 20년 넘게 타향에서 살고 있는 내게 방학 휴가를 틈탄 고향 방문은 설렘 가득한 축복이다. 그립고 보고 싶던 가족과 친구들을 만날 기쁨으로, 강 따라 고즈넉이 펼쳐지는 우리 산하의 능선을 눈에 담고 발로 걸을 기대로, 시간이 아무리 지나도 변할 줄 모르는 토종 입맛을 당기는 맛집을 찾아다닐 생각으로, 휴가가 시작되기 몇 주 전부터 마음이 부풀고 행복해지곤 한다. 막상 도착하면 해마다 조금씩 변해 있는 풍경이 낯설게 느껴지기도 하고, 고통 가득한 이웃들의 삶에 마음이 저리기도 하고, 하루 이틀 지날수록 이제는 여행자로, 혹은 손님으로 고향에 머물고 있다는 현실이 일깨워져 외롭기도 하지만, 또 그 덕에 정착민은 잘 보고 겪지 못하는 사회의 균열된 지점들을 발견하게 되고, 국외자들을 향한 우리 사회의 성숙도를 생각해보게 되기도 한다.

2021년 6월 인천 공항에 내린 이후 자가격리를 하면서 나는 고향의 낯섦을 어느 해보다도 실감하고 있다. 사용하는 모바일 폰 기종이 매우 낡아 전화로 사용할 수 없고, 국내 발급 카드가 없는 까닭에 자가격리와는 별도로 '고립'을 경험하게 된 것이다. 인터넷을 통한 거의 모든 구매가 국내 발급 카드를 통해 결제가 이루어지고, 또 모바일 폰을 통해 본인 인증 절차를 거쳐야 하기에, 그 두 가지가 없는 나는 음식을 배달시킬 수도, 간단한 생필품을 구입할 수도 없었다. 부모님들 또한 디지털

시스템에 익숙하지 않으시니 원거리에서 홀로 격리 중인 나를 도울 길이 없어 안타까워하셨다.

물론 팬데믹 탓이 크지만, 사실 이 거리감은 몇 해 전부터 서서히 느껴오던 것이다. 생활 반경의 디지털화는 그 시스템 안에 들어 있는 이들에게는 물과 공기처럼 익숙하고 편하지만, 나 같은 이방인이나 혹은 주민임에도 불구하고 문화, 경제, 언어, 신체, 연령 등 다양한 이유로 그 안에 들어가지 못하는 국외자들에게는 사소한 일 처리도 까다롭고 혼란스럽기 그지없는 불친절한 사각지대를 조성한다. 이 없으면 잇몸으로 산다고, 이전엔 손품 발품 팔아 해결할 수 있었던 상황들마저 팬데믹으로 인해 봉쇄되어 사람들이 시스템 뒤로 숨어버리자 혼자서 할 수 있는 일들이 아예 없어져버린 것이다. 참으로 고맙게도, 아껴주시는 벗들과 가족의 도움 덕에 결국 부족함 없는 격리 기간을 보내게 되었지만, 그 짧은 며칠 동안에도 이렇듯 아찔한 경험을, 디지털 문화뿐 아니라 소위 '정상, 보편, 상식'을 기준 삼아 작동하는 모든 시스템 밖에서 살고 있는 이들이 팬데믹 시대를 지나며 겪고 있을 것을 생각하니 마음이 불편하다.

팬데믹은 실로 우리 사회의 많은 사각지대를 노출시켰다. 물론 종식이 되려면 아직도 먼 길을 가야 하겠지만 백신 보급으로 인해 조금씩 숨통이 트여가는 현실이 반갑고 고마운 한편, 이제껏 노출된 사회의 취약한 지점들의 앞날은 어떻게 될까 우려가 되기도 한다. '정상, 보편, 상식'의 범위에 포함되는 이들의 편의를 위해 시스템을 더 공고하게 만들고, 사각지대에 있는 사람들에게는 그저 적응만 강요하게 되지는 않을까. 원인을 분석하고 불편을 헤아리기보다 메꾸고 봉합하기 급급해 그들이 마땅히 누려야 할 삶의 기회조차 함께 묻어버리지는 않을까.

 역사적으로 팬데믹은 병이 관통하던 시기뿐 아니라 그 이후의 사회에
도 큰 위기를 불러왔다. 스페인 독감이 전횡했던 1918년의 이듬해, 미국
은 '붉은 여름'이라 이름 붙은 폭력의 계절을 맞았다. 생존을 위해 다 같
이 힘을 모아야 했던 사회적 협력이 느슨해진 후 병의 종식이라는 확실
한 목표와 희망이 사라진 자리에 남은 것은 폐허가 된 삶과 쉽게 회복되
지 않는 경기와 좀처럼 사그라지지 않는 불안과 분노였다. 게다가 긴 시
간 사람들과 건강한 만남을 하지 못했던 탓에 쌓인 스트레스와 심리적
불균형으로 인해 사소한 말다툼과 마찰조차 쉽게 집단 폭력으로 이어지
기 일쑤였다. 이러한 사회적 분위기에 가장 위협을 받는 이들은 제거되거
나 상해를 입어도 주류 시스템에 교란을 일으키지 않을 취약 계층들과
타자들이다. 백인들은 징벌을 내리듯, 마침 새로운 지역으로 유입하기 시
작했던 흑인들을 표적 삼아 때리고 살해하고 약탈하는 폭력을 행사했다.
이는 2년 후 미국 인종차별 역사상 가장 참혹했던 사건, 1박 2일 동안
백인들이 흑인들의 집단 거주지에 쳐들어가 흑인 수백 명을 죽이고 다
치게 한 털사 인종 학살(Tulsa race massacre)로 이어진다. 한 마을이 온
통 피로 붉게 물들었다 하여 그 계절의 이름이 '붉은 여름'이다.

 우리는 모두 마스크를 벗고 일상으로 돌아갈 날을 애타게 기다리지
만, 사실 그 흥겹고 설레는 시간이 다가올수록 오히려 눈을 똑바로 뜨
고 마음을 다잡고 주변을 둘러 '사람'을 살펴야 할 것이다. 대면 회합을
앞두고 교회가 지금부터 염두에 두어야 할 일 중 하나다. 병균이 아닌
사람이 사람을 해하고, 사회의 외곽과 주변에 존재하는 이들의 삶을 지

우고 파괴해버릴 폭력의 계절은 어쩌면 그때부터 본격적으로 시작될지 모른다. 우리는 종종 우리에게 친숙한 '이웃'의 범주 밖 보이지 않는 이들, 혹은 보여서 불편한 이들에게는 사회와 공동체의 생존, 회복이란 이름으로 희생을 강요한다. 그 옛날 십자가 형장에서 예수와 바라바를 앞에 두고 그들에게 더 익숙했던 종교 민족주의 정치 지도자 바라바를 선택하며 예수를 버렸던 유대 민중들처럼 말이다. 빌라도는 "나는 이 사람의 피에 대해서는 책임이 없다"고 말했지만, 우리는 안다. 그의 피에 우리의 책임이 있음을. 그리고 모든 생명에 우리의 책임이 있음을.

1921년 털사 인종 학살로 폐허가 된 현장 사진 (사진 출처: Tulsa Historical Society and Museum, https://www.tulsahistory.org/exhibit/1921-tulsa-race-massacre/)

입에서 나오는 것: 정치적 올바름에 관하여

『레위기』는 신학을 공부하는 사람에게도 읽기 쉽지 않은 책이다. 문체가 단조롭고 반복적이며 고대의 법률 용어가 계속 등장하는 까닭에 집중이 힘들 뿐 아니라, 히브리적 사고방식에 대한 식견이 없이는 내용을 파악하기도 어렵다. 27개의 장으로 구성되어 있는 이 책에서 하느님은 당신이 손수 이집트 땅에서 탈출시킨 이스라엘 백성들이 이제부터 기준 삼아 살아가야 할 규칙과 법규들을 내리신다. 종교의식에 관한 실수, 육체적 부정, 도덕적 불충들이 매우 세세하게 언급되어 있지만, 사실 오늘날의 시각으로는 받아들이기 힘든 것들이 많다. 그러니 『레위기』를 잘 읽는 방법은 밑줄을 긋고 외우는 것이 아니라 책 전체를 관통하는 메시지를 찾아보는 것이겠다.

『레위기』는 성성聖性, 즉 '거룩함'에 대해 말하고 있는 책이며, 이 거룩함은 겉으로 드러나는 예식뿐 아니라 본질적으로 하느님과의 관계에 관한 것이다. "나 야훼 너희 하느님이 거룩하니, 너희도 거룩한 사람이 되어라."(레위기 19, 2) 즉 속사람과 겉사람 모두 하느님과의 올바른 관계 속에서 살아가는 삶을 가르치고 있는 것이다. 여기서 하느님과의 관계는 개인적 차원을 넘어 공동체적 차원으로 확장된다. 각 개인이 하느님과 맺는 관계는 공동체 전체가 이루어야 하는 하느님과의 관계와 밀접하게 연결되어 있다는 말이다.

그런데 『레위기』에서 가르치고 있는 까다로운 법규를 볼 때 느끼는 당혹스러움은 오늘날 우리들에게뿐 아니라 시대적으로 가까웠던 예수 당시의 사람들에게도 마찬가지였던 듯하다. 이 정황이 드러나는 구절이 마태오 복음 15장의 본문이다. 바리사이들과 율법 학자들이 다짜고짜 예수를 찾아와 그의 제자들이 음식을 먹을 때 손을 씻지 않았다고, 즉 '조상들의 전통'을 지키지 않는다고 따져 묻는 그 구절이다. 그들이 언급한 '조상들의 전통'이란 율법 규정을 위반하지 않도록 후대에 만들어진 시행세칙으로, 많은 부분 『레위기』의 법 규정에 토대를 두고 있다. 지키지 않는다고 해서 위법이 되는 것은 아니나, 소소하게 드러나는 말과 행동거지를 통해 올바르게 살고 있는가 아닌가를 판단하고 정죄하는 기준이 되기는 충분했다.

예수는 그들과 심각한 논쟁을 벌이고 심지어 그들이 위선자라고 매우 직설적으로 비판하는데, 내 관심을 끄는 것은 그들이 떠난 후 예수가 남은 이들에게 하는 말이다. 그는 고대의 법전 『레위기』를 관통하는 메시지, 바로 '거룩함'을 다시 생각할 것을 요구하고 있다. 그가 말한 거룩함이란 마음과 행동이 일치하는 삶, 속사람과 겉사람이 일치하는 삶이다. 이는 그가 입에서 나오는 것, 즉 '말'에 대해 강조한 구절에 잘 드러난다. "입으로 들어가는 것은 사람을 더럽히지 않는다. 더럽히는 것은 오히려 입에서 나오는 것이다."(15, 11) "입에서 나오는 것은 마음에서 나오는 것인데 바로 그것이 사람을 더럽힌다."(15, 18) 여기서 예수가 사용한 '더럽게 하다'라는 동사는 그리스어 '코이노이κοινοĩ'로, '품위를 떨어뜨리다, 저속하게 만들다'라는 뜻을 가진 『레위기』의 성결법에서 유래된 단어이다. 말하자면 인간을 저질스럽게 하는 것은 속마음으로부터 발산되는 행동과 인격이며, 그것이 표현되는 '말'이라는 것이다.

속사람과 겉사람이 이거냐 저거냐 택일의 문제가 아니라는 것을 낱낱이 드러내는 것이 그가 사용하는 언어다. 내가 알거나 모르거나, 말은 약이 되어 사람을 살리기도 하고, 칼이 되어 사람을 죽이기도 한다. 속사람이 성숙한 이들은 사려 깊은 말로 남을 품는다. 그렇지 못한 이들은 함부로 내뱉는 말로 남에게 상처를 주고 공동체의 관계 또한 흔들어댄다. 속사람과 겉사람을 조율하는 삶이 거룩한 삶이며 이를 위해서는 일상의 행실과 언어로 습관을 들여야 한다는 것을 가르치려고 『레위기』는 그토록 긴 법규들을 기록하는 것이고, 예수는 겉사람은 올바를지 모르나 속사람이 썩은 바리사이들과 율법 학자 무리들이 말로 난도질을 하고 떠난 자리에서 『레위기』가 가르친 바로 그 거룩함을 상기시키고 있는 것이다.

'정치적 올바름'에 관해 조심스레 이야기를 꺼내보려 했는데 서론이 길어졌다. '정치적 올바름', 혹은 '피시(political correctness)' 운동은 말의 표현이나 용어 사용에서 성차별, 인종, 민족, 언어, 종교 등의 편견이 포함되지 않도록 해야 한다는 캠페인으로, 1960년대 미국의 민권운동과 반전운동에서 그 연원을 찾을 수 있다. 이 운동이 '미투Me Too 운동' 등을 계기로 한국에 들어오면서 다양한 반응들을 끌어내고 있는데, 공적 영역에서는 미약하나마 조금씩 자리를 잡아가고 있지만, 사적 영역에서는 여전히 겉돌며 거부감을 일으키는 모양새다. 정치적 올바름의 필요성을 강조하는 이들을 싸잡아 '프로불편러'라고 부르며 조롱하거나, 이들이 정치적·사회적·도덕적 옳음에 대한 강박관념에 빠져 시도 때도 없이 트집을 잡는다고 비난하는 이들도 보았다. 누군가는 정치적 올바름에 대한 집착이 '더 중요한' 사회·경제적 문제 해결 운동을 가로막고 있다고 하기도 하고, 누군가는 이 운동이 공적 영역에서의 표현의 자유와 상호 비판의 자유를 박탈해 서로 성장할 기회를 억누르고 있다고 묵직한 비판을 하기도 한다. 집단주의적 문화가 강한 교회에서는 더욱더 자리 잡기 힘든 듯하다. 수긍이 된다. 나 또한 상처가 되는 말을 들었다 하더라도 한마디 했다가 괜히 분위기 험악해지고 말한 이와 관계가 틀어질 것이 걱정되어 입을 다물었던 경험이 많다.

이런저런 비판과 우려를 이해할 수는 있지만, 적어도 신앙인이라면 '정치적 올바름'의 문제를 단지 정치적 차원으로 생각할 것이 아니라 '거룩함', 즉 하느님을 닮는 삶, 하느님과의 통교를 이루어가는 나와 공동체의 실천으로 생각할 수 있지 않을까. 사소한 일상생활에서 말을 통해 내뱉는 차별이 당하는 이의 입장에서는 말 못 할 상처가 되는 일이 허다하다. 때로 그 상처는 내성이 되어 스스로의 성장과 도약을 포기하게끔 만들기도 한다. 하느님께서도 상처받으실 일이다. 나는 '정치적 올바름'을 나를 바꾸어내는 일상의 훈련으로 받아들인다. 다른 이에게 틀렸다고 언질을 주기보다 나 스스로를 바꾸어내기 위해 내 입에서 나가는 말을 조심한다. 내가 하는 말이 누군가에게 상처가 되거나 혐오 표현이 되지 않을까 조심하다 보면, 세상을 보는 나의 눈과 사람을 대하는 나의 태도가 조금씩 바뀌지 않을까. 그렇게 조금씩 조금씩 당신의 거룩함에 다가갈 수 있지 않을까. 늘 실패하더라도 말이다.

성소수자 신자들이 교회의 '문제'일까?
─2014년 시노드 제3차 임시 총회가 남긴 숙제

가정에 관한 시노드synod 제3차 임시총회가 마무리되었다. 중간 보고서 단계에서 큰 관심을 끌었던 동성애 관련 조항─"동성애자에게도 은사가 있으며, 이를 통해 교회에 헌신할 자격이 있다"─은 최종 보고서에 결국 채택되지 못했다.

큰 보폭의 변화를 기대했던 이들은 아마도 안타까워했을 것이고, 급작스러운 변화를 우려했던 이들은 안도의 한숨을 내쉬었을 것이다. 하지만, 오랜 기간 정체되어왔던 문제들이 공론화되었다는 의미에서, 또 판단의 기준이 오로지 교회법이었던 기존의 관점에서 벗어나 삶의 현장에서 발생하는 일에 대한 사목적인 배려가 강조되었다는 의미에서, 이번 시노드는 결과만으로 판단할 수는 없을 듯하다. 특히 보고서 채택 과정을 유례없이 투명하게 전부 공개함으로써 교종은 우리 모두에게 숙제를 남겼다. 논의를 촉발시켜 삶의 현장에서 들려오는 소리들을 적극적으로 듣고, 내년에 열릴 정기 총회에 반영하고자 하는 교종의 의지가 반영된 것이다. 벌써부터 교회 안팎에서 뜨겁게 논의가 재개되고 있다. 교종은 불길을 댕겼고, 변화는 사실 지금부터 시작이다. 어떻게 방향을 잡을 것인가, 교종이 우리에게 묻고 있다.

그 숙제를 어떻게 풀어갈 것인가에 대한 내 생각을 함께 나누고 싶다.

성소수자에 관한 신학적 논의와 관련 성서 구절과 전통에 대한 재해석은 잠시 접어두고, 그보다 먼저 이야기하고 싶은 것이 있다. 바로 성소수자들에 대한 논의를 구성할 담론과, 논의를 진행시킬 공간에 관한 문제이다.

우선 담론의 문제를 돌아보자. 교회에는, 특히 한국 교회에는 아직 동성애를 비롯하여 성性과 관련된 사안들을 진지하고 성의 있게 토론할 수 있는 담론, 아니 그보다 언어 자체가 없다. 교회법에서 이해하고 표현하는 성은 출산 재생산과 관련된 것으로 제한되어 있어서, 인간의 성을 하느님의 은총으로, 깊고 친밀한 사랑을 표현하는 방식으로, 폭넓고 긍정적으로 인식하기에 적절치 않다. 도덕적 기준에 가두어 판단하고 정죄하기 위한 언어밖에 없다. 성에 관한 인식은 수세기를 거쳐 변화해왔는데, 언어는 아직도 중세에 머물러 있다. 인간의 몸과 영에 대한 통합적인 사고가 부족했고, 뭐든 이분법적으로 나누기 익숙했던 시대의 언어로 성을 생각하고 말을 하자니 한계에 부딪힐 수밖에 없다.

미국의 신학자 마크 조단Mark D. Jordan은 가톨릭 교회가 동성애를 언급하는 언어와 수사법에 대해 오랜 시간 관심을 기울여온 신학자이다. 그는 교황청 신앙교리성에서 내놓은 동성애 관련 문헌들을 분석한 글을 통해 "교회의 언어는 동성애에 대한 심도 있는 논의보다는 기존 교리에 대한 단순 반복, 위협, 명령, 근거 부족한 확신을 드러내는 논조로 가득 차 있다"고 비판했다.[*] 이러한 공격적인 언어들이 교도권과 결

---

[*]   Mark D. Jordan, *The Silence of Sodom: Homosexuality in Modern Catholicism* (Chicago, IL: University of Chicago Press, 2000).

합하여 성소수자 신자들의 신앙생활로 들어오면 어떻게 될까? 자신의 정체성에 대해 심한 분노와 절망, 수치를 느끼다 결국 교회를 떠나거나, 아니면 성적 지향을 숨긴 채 분열적이고 파괴적인 삶을 살아갈 것이 자명하다.

유럽과 북미의 신학계는 1980년대부터 이미 교회의 언어들을 재고하고 동성애를 새롭게 이해할 수 있는 시각과 관점을 제시하기 위해 노력해왔다. 이에 비해 한국 교회는 동성애 논의의 근간이 되어야 할 언어에 대한 관심이 절대적으로 부족하다. 우리 사회의 특수성과 변화를 반영하기보다 그저 교황청 신앙 교리성 입장을 반복하고 확인하는 것에 머물러 있다. 성소수자 신자들을 '죄인'이 아니라 하느님의 형상을 가진 존귀한 인간으로 바라보고 그들의 목소리를 경청해본 경험이 우리에겐 아직 없다.

새로운 언어를 마련하기 위해서는 우선 당사자들의 삶에서 우러난 이야기들을 들어보아야 한다. 교종이 강조했던 것처럼, 성서와 전통에 대한 문자적인 해석을 잣대처럼 들이댈 것이 아니라 관심과 포용이 우선되어야 한다. 교회는 오래전부터 성소수자 신자들에 대한 '사목적 배려'를 강조해왔지만, 당사자들이 겪고 있는 삶의 정황에 대한 이해 없이 배려 운운한다는 것은 설사 좋은 의도를 품었다 하더라도 폭력이다. '배려'를 가장한 폭력을 교회는 사실 숱하게 행사해오지 않았는가? 따라서 '사목적 배려'를 성소수자 신자들을 교정하려는 시도로 이해하는 전통적인 접근 방식은 곤란하다. 모든 배려의 원칙은 상호 이해의 공간을 넓혀가는 것이지, '당신은 틀렸다'고 단정하고 내 규범에 맞추도록 강요하는 것이 아니다. 성소수자 신자들을 배려하는 원칙도 마찬가지이다. 우선 그들의 목소리에 귀를 기울여야 한다.

바로 그 목소리를 듣기 위해서 필요한 것이 무엇일까? 성소수자 신자들이 거리낌없이 자신의 삶에 대해 이야기할 수 있는 안전한 공간이다. 그러나 한국 교회에는 그 공간마저 없다. 성소수자들에 대한 사회 전반적인 인식이 점차 나아지고 있으며, 인권적 차원으로 성소수자들의 '다름'을 수용해야 한다는 의견이 높아지고 있지만, 한국 교회는 성소수자에 대한 공적 담론 형성의 공간을 진지하게 마련했던 적이 없다. 교회가 나서서 하지 못하는 민감한 주제들이 있다면 학교와 다양한 학술 공간이 그 역할을 대신해야 하는데, 평신도 신학자들을 위한 공간이 절대적으로 부족한 우리에겐 그 공간조차 없다.

당사자들과 대화를 나누고 그들의 입장에서 생각한 경험이 없으니 최소한의 인권 감수성조차 기대하기 힘들다. 혹, 개신교 우파의 끔찍한 성소수자 혐오와 비교해 가톨릭은 그래도 좀 낫지 않은가라고 생각할 이들이 있을지 모르겠다. 하지만, 개신교 우파들이 온라인 오프라인에서 차마 입에 담지 못할 언어 폭력을 퍼부으며 성소수자들의 삶을 갈기갈기 찢어내는 동안 가톨릭 교회는 무엇을 했을까? 일관된 입장을 고수했다. 바로 침묵이다.

침묵은 다양한 해석을 동반하지만, 성소수자들에 대한 가톨릭 교회의 침묵은 명확하고 단일한 의미를 드러낸다. 바로 성소수자들의 존재 자체에 대한 부정이다. 마치 교회 안에 성소수자들이 전혀 존재하지 않으며 앞으로도 존재하지 않을 것처럼, 존재하지 말아야 할 것처럼 대응해왔던 것이다. 침묵을 통해 개신교 우파들의 성소수자 혐오가 진리인 것처럼 유포되도록 암묵적인 지원을 하고 있는 것이다. 교회의 침묵과 회피는 밖으로는 개신교 우파의 공공연한 인권 침탈과 폭력 행위에 힘을 불어넣으며, 안으로는 무지와 무관심을 양산해왔다.

'내 주변엔 성소수자가 아무도 없어요, 티브이에서나 보지.' 이런 말씀을 하시는 신자들을 아직도 가끔 본다. 마치 본인은 성소수자 청정구역에서 산다는 듯 자랑스러워하신다. 이런 분들 만나면 참 민망하다. 자랑스러워할 일이 아니라 부끄러워할 일이라고 말씀드리고 싶다. 은연중에 성소수자에 대한 공포와 혐오를 마구 발산하고 있다는 뜻이라고, 주변에 적지 않은 이들이 당신을 친구로 여기지 않고 있다는 뜻이라고, 자신들의 눈물을, 아픔을 서러움을, 모욕스럽고 억울한 경험들을, 그리고 또 사랑을, 기쁨을, 행복을 함께 나눌 이웃으로 당신을 마음에 두고 있지 않다는 뜻이다. 그러나 더 한숨이 나오는 것은 교회 전체가 바로 이런 분들처럼, 옆에 살되 이웃이 될 수 없는 집단으로 우리 사회에 존재하고 있다는 사실이다.

성소수자 신자들이 상처받지 않고 자신의 경험을 토로할 수 있는 공간을 확보하는 것과, 그들의 경험과 변화하는 시대 인식을 반영하는 새 언어를 구성하는 것이 내 생각에는 성소수자에 관한 신학적, 성서적 판단 근거를 마련하는 것보다 우선이다. "글로 쓰인 단어 안에 스스로를 가둔"다면, 우리는 인간의 삶을 통해 당신의 은총을 드러내시는 "놀라운 하느님"을 만날 수 없다(교종의 시노드 폐회 연설 중에서). 이 두 가지 과제가 선행되기 위해서는 우선 성소수자 신자들의 존재를 인식하고 인정하며, 정죄와 비난으로부터 그들을 보호해야 한다. 신앙 공동체 안에 그들의 목소리가 들리고 그들의 삶의 이야기가 공동체의 삶 속에서 읽히도록 교회 안팎의 환경을 바꾸어나가야 한다. 이미 상처받고 위축되어 있는 그들이 앞에 나서기 힘들 테니 기득권을 가진 이들이 먼저 내려놓고 다가가야 한다. 모든 성원들의 의식이 한 순간에 바뀔 리 없으니 인내심을 갖고 그들을 격려하며, 편견에 함께 맞서며, 끝까지 그들의 편이 되어주어야 한다.

성소수자 신자들은 교회의 '문제'도 아니고, 교정해야 할 '대상'도 아니다. 다른 모든 신자들과 마찬가지로 그리스도의 몸 된 교회의 일부이며, 그리스도의 살과 피를 함께 나눈 가족이다. 그리고 그리스도는 우리에게, 사람을 사랑할 때 '누구를 사랑해야 하는가'를 먼저 물어야 한다고 가르치지 않았다. 그는 우리에게 '어떻게 사랑해야 하는가'를 가르쳤다.

인권이 보호받지 못하는 세상에서 동물의 권리란?

　미네소타의 평범한 치과의사 월터 팔머는 야생동물 사냥이라는 그의 오래된 취미생활을 위해 짐바브웨로 여행을 떠났다. 거기서 그는 '사자 사냥이 야생동물 사냥의 백미이니 그냥 돌아가면 큰 후회를 할 것'이라 말하는 지역 안내인들에게 사냥을 도와주는 대가로 5만 5천 달러를 지불했다. 그는 일행과 함께 수사자 한 마리에게 석궁을 쏘아 국립공원 밖 사냥허가 구역으로 유도해냈다. 일행이 쏜 화살에 맞은 사자는 피를 흘리며 40여 시간을 배회하다 붙잡혔다. 고통스럽게 죽어가던 사자를 치밀하게 뒤쫓던 팔머 일행은 마침내 사자의 목을 자르고 가죽을 벗겨낸 후 자랑스럽게 활짝 웃는 얼굴로 사진을 찍었다.

　그런데 하필 팔머가 죽인 사자가 아프리카에서 가장 유명한 사자로 많은 이들의 사랑을 받아왔고, 영국 옥스퍼드 대학교의 연구 대상으로 선정되었던 짐바브웨 국립공원의 마스코트, '세실'이다. 만약 이름 없는 사자였더라면 팔머의 사냥은 그저 한여름 휴가의 짜릿한 추억으로 끝나버렸을 것이다. 팔머와 같이 취미로 전 세계를 누비며 야생동물들을 사냥하는 이들에 의해 희생되는 아프리카 사자 수가 연간 600마리에 이른다고 한다. 열세 살의 수사자 세실은 여섯 마리의 암사자와 스물네 마리의 새끼가 있는 대가족의 가장이었다. 사자 무리의 특성상 수컷 사자가 죽으면 죽은 사자의 새끼들은 서열 싸움에 의해 다른 수컷에게 죽임을 당한다고 한다. 인간이 추구한 쾌락의 결과로 다른 생명들을 응징하는 자연의 인과법칙이 안타깝고 두려울 따름이다. 언젠가 저 처벌이 인간에게 향할 것이다.

세실의 죽음에 대한 의견이 분분하다. 물론 세실의 죽음을 안타까워하고 밀렵을 규탄하는 목소리들이 우세하다. 미의회와 유엔총회에서도 멸종위기 동물 보호와 야생동식물 밀렵 및 불법 거래를 차단하는 법안과 결의안이 진행 중이다. 짐바브웨 당국도 팔머의 본국 송환을 요청한 상태이다. 하지만 사냥이 대중스포츠로 자리 잡은 미국에서는 이 움직임을 냉소적으로 바라보며 팔머를 옹호하는 목소리도 만만치 않다. 엄연히 사냥허가 구역에서 사냥을 했는데 왜 불법이냐, 의사로서 그간 성실하게 본업에 충실해온 팔머와 팔머의 가족이 그깟 사자 한 마리의 죽음 때문에 피해를 입을 수는 없다, 또 전쟁과 기아 등 사람의 목숨이 달려 있는 중요한 사회적 문제들이 산적해 있는데 동물 한 마리 죽은 일로 전 세계가 들썩거리다니 유난스럽다, 이런 의견들이다.

신학적으로는 동물의 권리를 어떻게 보아야 할까? 인간의 권리와는 어떤 연관이 있을까? '동물권(Animal Rights)', 즉 '인간 외 동물이 가진 기본권'은 최근까지도 신학에서 소외되어왔던 주제이다. 영국의 성공회 신학자 앤드류 린지Andrew Linzey*는 동물의 권리를 신학적 입장에서 규정하고 지지하는 대표적인 신학자인데, 린지의 동물 신학을 이해

---

* 저서로 *Christianity and the Rights of Animals*(1987), *Animal Theology*(1994), *Creatures of the Same God*(2007), *Why Animal Suffering Matters*(2009) 등이 있다.

하기 위해서는 우선 동물권에 접근하는 데 기본이 되는 질문을 짚어보아야 한다. 개, 고양이, 돌고래, 하이에나, 돼지, 사자 등 동물들을 단순히 인간의 도덕적 관심이 필요한 대상 혹은 필요조차 없는 대상으로 보느냐, 아니면 삶의 주체로서 살아갈 도덕적 권리를 가진 주체로 보느냐는 질문이다. 어떤 관점을 선택하는지에 따라 동물권에 대한 접근 방식과 결론이 달라진다. 첫 번째 관점은 모든 동물들 사이에는 위계가 있으며, 이성이 있는 인간은 위계의 최상위에 존재한다는 종차별주의(Speciesism)에 근거하여 인간의 권익을 위해 다른 동물을 식용과 실험 등을 위한 자원으로 사용할 수 있다는 입장을 고수하고, 두 번째 관점은 종 전체가 아닌 생명체 하나하나가 가진 도덕적 지위와 권리가 승인되고 보호되어야 한다는 개체주의(individualism)에 근거하여 고유한 가치를 가진 생명체를 인간의 이익을 위한 수단으로 취급할 수 없다는 입장을 고수한다. 이 두 관점 사이에서 중재점을 찾기는 쉽지 않다.

린지에 의하면 그리스도교 전통은 위의 두 입장을 모두 지원한다. 둘 중 주류를 이루었던 것은 종차별주의 입장이다. 중세, 근대를 거쳐 교회 지도자들과 신학자들은 인간 중심적 사고를 견지하며 "동물에게는 이성과 지적 능력이 없고, 불멸의 영체도 없다"(아퀴나스), "동물은 인간이 느끼는 것과 같은 육체적, 심리적 고통을 지각할 능력이 없다"(데카르트의 영향을 받은 근대신학), "인간은 다른 인간에게 도덕적 의무가 있을 뿐, 동물에게까지 그 의무를 이행할 필요는 없다"(비오 9세 등)라고 주장해 왔다. 잔인하게 도살하는 것만 자제하도록 권유할 뿐, 동물에게는 도덕적 관심을 둘 가치가 없다는 것이 최근까지도 주류였다.

그러나 그리스도교 전통에는 비록 소수였다고는 해도, 동물을 존중받아 마땅한 귀중한 생명체로 인식하고 보호해온 개체주의 전통 또한 분명히 존재한다. 이 전통은 동물들이 인간과 마찬가지로 한 하느님으로부터 창조된 귀한 피조물이라는 믿음에 근거한다. 인간을 포함한 모든 피조물은 하느님께 속해 있고 하느님을 위해 존재하는 것이지, 다른 피조물의 이익을 위해 존재하는 것이 아니다(골로 1, 16 참고). 창세기에도 명시되어 있듯, 인간은 하느님의 세상을 가꾸고 보호할 책임이 있지, 지배하고 착취할 권리는 없다. 성서는 피치 못할 경우에만 살상을 허가하고 있다. 인간과 동물의 생활권이 분리되어 긴박한 대치 상황이 발생할 확률이 적은 오늘날에는 동물을 살상할 근거가 없다는 것이다. 프란치스코 성인을 비롯한 많은 성인들의 가르침은 인간과 동물은 한 하느님께로부터 비롯된 형제요 자매라는 것을 강조하고 있다. 그러므로 인간은 의무적으로 동물에게 도덕적 관심과 배려를 보여야 한다.

린지는 개체주의를 옹호하는 그리스도교 전통에 근거하여 동물권은 인권의 견지에서 판단될 것이 아니라 신권(Theos-rights)의 차원에서 보호되어야 한다고 주장한다(Animal Theology, 24). 동물권은 이미 하느님이 각 개체에 부여한 것이기에, 그 권리를 침해하는 것은 하느님의 권리를 침해하는 것이다. 따라서 동물권 논쟁은 그 출발점부터 재고되어야 한다. 동물의 권리는 인간 마음대로 그 성격을 규정하고 권리 수혜의 대상을 선정할 수 있는 것이 아니다. 인간이 고민해야 할 것은 동물권이 있는지 없는지가 아니라 이미 존재하는 동물권을 어떻게 포용하고 보호할 것인가이다.[*]

최근 들어 린지뿐 아니라 많은 신학자들이 동물권에 관한 논문을 발표하고 있으며, 개체주의에서 더 나아가 종 간의 관계와 연속성을 중요시하는 입장도 나오고 있지만, 동물 신학이 실질적으로 어떻게 적용될 수 있을지 아직은 많은 것들이 질문으로만 남아 있다. 많고 적은 차이가 있을 뿐 누구나 동물들에게 빚을 지며 살고 있는 우리 현실을 감안한다면, 그의 종차별주의 비판은 새겨들어야 할 여지가 분명히 있다. 생명들의 위계를 정하고 인간 외의 동물을 차별하는 종차별주의 신념체계는 인종차별주의, 성차별주의 등의 차별 이데올로기, 즉 자신이 속한 인종과 성별의 이익을 우위에 두고 타인종과 여성과 성소수자들을 차별하는 신념체계와 맥락을 함께하기 때문이다. 나아가 힘 있는 존재들의 편리와 행복을 위해서 연약한 생명들의 희생은 당연하다는, 오히려 그것이 공동체 전체의 발전을 위해 도움이 된다는 반생명적인 사고와 맞닿아 있다. 반생명의 논리에 교회 전통이 근거를 제공하고 있다는 사실은 우리 모두가 반성해야 한다.

  이런 의미에서 프란치스코 교종의 회칙 「찬미받으소서(Laudato Si)」의 의미가 새롭다. 회칙은 인간과 인간, 인간과 다른 생명체들 사이의 관계가 회복되지 않고는 하느님과의 관계 또한 회복될 수 없다고 강조한다. 지구는 모든 생명체가 서로 돕고 의지하며 하느님 나라를 실현할 책임과 권리를 갖고 사는 '공동의 집'이다. 교종의 통합적 생태론에 따르

---

*   Andrew Linzey, *Christianity and the Rights of Animals* (Eugene, OR: Wipf and Stock, 2016), p. 82.

면, 동물보호 의무와 인권 존중은 생명에 대한 감수성이란 측면에서 함께 고민해야 할 문제이다. 그깟 동물 몇 마리쯤 죽어 나가는 게 무슨 큰 일이냐 무관심을 종용하는 사회, 심지어 말 못 하는 생명의 죽음을 통해 쾌락마저 추구하는 사회에서 자신의 권리를 보호하지 못하는 연약한 인간들의 생명 또한 경시되는 것은 당연하다.

모든 생명이 존중받는 세상을 위해 서로가 처한 삶의 자리에서 실천할 수 있는 수위와 방식은 제각기 다르겠지만, 하나의 생명이 돈의 가치로, 실험 도구로, 사치스러운 보양식으로, 옷의 재료로, 오락을 위한 수단으로 쓰여서는 안 된다는 것만큼은 신앙인으로서 동의할 수 있을 것이다. 그런 의미에서, 혹시 이전에 큰 관심이 없었다면 오늘부터라도 사자 세실처럼 밀렵으로 희생당하는 아프리카의 이름 없는 야생동물들에게, 우리 산하에서 죽어가는 동물들, 특히 설악산 케이블카 건설 계획으로 서식지를 빼앗긴 산양들에게, 가깝게는 바로 내 집 앞 먹을 것을 찾아 밤길을 헤매며 생명을 위협받는 길 고양이들에게 따뜻한 눈길과 마음을 주어보는 것은 어떨까.

입술이 더러운 백성

제20대 대통령 선거가 이제 한 달여 앞으로 다가왔다. 코로나 팬데믹으로 인해 가뜩이나 암울한 시기에 희망의 예표를 보여주는 후보가 없으니 답답하다. 재난이 쓸고 지난 자리마다 불평등이 드러나고 분열과 혐오가 자라나는데 지도자가 되겠다고 나선 이들은 표심에만 관심이 있을 뿐 이렇다 할 공약도, 정책도, 지도력도, 함께 사는 세상을 향한 비전도 보여주지 못하고 있다.

오늘 제1독서에 등장하는 유다의 민중들도 불안하고 답답하기는 마찬가지였을 듯하다. 이사야서 6장은 우찌야 왕의 죽음(기원전 738년)으로 시작한다. 우찌야는 무려 52년을 통치한 유능한 지도자였다. 주변 강대국들의 틈새를 뚫고 국제 무역에 뛰어들어 유다의 생활 수준을 높였고, 산간지대를 개간하여 농토를 확장하였으며, 팔레스타인 및 시리아 일대에 영향력을 크게 확장하여 국위를 높였다. 강력한 왕권 아래 이룩한 정치·경제적 성공에 고무되어 이제는 좀 살 만하게 되었다고 느끼고 있었을 유다 민중들에게 왕의 죽음은 큰 상실과 위기로 다가왔을 것이다. 그들은 우찌야의 뒤를 이을 유능한 지도자가 등장해 유다의 번영을 지속시켜줄 것을 간절하게 원했을 것이다.

그러나 인간의 눈에 탁월하고 유능한 지도자라 하여 하느님이 기름을 부어 세우는 메시아가 되는 것은 아니다. 인간이 이룩한 정치·경제적 번영이 하느님이 원하시는 정의롭고 평화로운 세상과 일치하는 것도 아니다. 우찌야의 통치와 그가 이룩한 번영도 예외가 아니었다. 우찌야 시대 물질적인 풍요의 이면에는 권력을 가진 소수의 탐욕과 윤리적 타락이 있었고, 그에 따라 사회적 약자들이 늘어나고 있었다. 수출 농업을 지향하는 거대 지주들의 출현으로 기초적인 사회구조가 부자들의 수탈과 독점을 허용하는 구조로 바뀌고 있었다. 효율성과 풍요라는 명목 하에 상호 돌봄을 원칙으로 하는 계약 공동체의 우애가 깨어지고 있었던 것이다. 지도자들은 하느님을 반역하고 도둑과 짝이 되어 하는 일마다 보수를 따지고 뇌물을 밝혔다(이사 1, 23). 이들은 "빈터 하나 남지 않을 때까지 집에 집을 더해가고 밭에 밭을 늘려가며 이 땅 한가운데 자신들만 살려 하는" 자들이었다(5, 8). 민중을 괴롭히는 불의한 법을 공포하고, 가난한 자들의 소송을 외면하며, 힘없는 이들일수록 더 짓밟고 짓뭉개고 권리를 박탈하였다(10, 1-2). 혼란스러운 세상에는 예언을 들려주며 돈을 버는 거짓 예언자들도 넘쳐났다. 어쩐지 오늘날 우리 언론을 닮은 꼴인 이들은 공동선과 정의에 관심이 없었다. 물질적 보상을 많이 주는 이들에게는 성공을 약속하고, 보상을 적게 주는 이들에게는 재앙을 예고하여 계층 간 갈등을 심화하고 신뢰 체계를 망가뜨렸다. 왕실과 귀족들과 엘리트들의 시각으로 볼 때 그럴듯했던 세상은, 하느님의 시각으로 보았을 때 안으로 곪아가고 있었던 것이다. 하느님이 정성스레 오랜 시간을 들여 가꾼 포도원이 인간의 손으로 파괴되고 있었다(3, 14).

왕이 죽던 그 해에 수도 예루살렘의 성전에서 하느님의 부름을 받은 이사야는 하느님의 거룩하심을 목도하는 초월 경험 이후(6, 1-7) 특별한 능력을 갖게 된다. 인간의 업적과 정치력에 가려 볼 수 없었던 하느님의 지평을 볼 수 있는 눈이 생긴 것이다. 이사야는, 그가 남긴 말로 미루어 볼 때 수도 예루살렘의 주민으로 상류층의 언어와 생활 방식에 익숙했던 사람이었다. 자신이 하느님의 부름을 받은 중요한 사건을 서술하는 기록을 왕의 죽음으로 시작하는 것으로 보아(이사 6, 1) 이사야 자신도 시대의 번영과 정치적인 위세가 만들어낸 분위기에 물들어 있었던 듯하다. 그러나 하느님이 우려했던 것은 우찌야의 죽음으로 타격받을 상류층이 아니라, 그들로 인해 진작부터 삶의 터전을 잃고 울부짖고 있던 사회적 약자들이었다. 비로소 하느님의 눈으로 세상을 보게 된 이사야는 지축이 뒤집히는 듯한 충격을 받는다. 당황한 그는 "큰일 났구나, 나는 이제 망했다"고 한탄하며 자신이 "입술이 더러운 사람이며, 입술이 더러운 백성 가운데 살고 있었다"고 고백한다. 인간의 잣대로 세상의 안위를 가늠하며, 인간 지도자의 욕망과 능력에 기대어 살아왔음을 깨달은 것이다. 절망하여 엎드린 이사야에게 사랍seraphim이 타는 숯을 부집게로 집어 손에 들고 날아와 그의 입술에 대고 말한다. "너의 죄는 없어지고 너의 죄악은 사라졌다." 용서와 치유가 이루어진 것이다. 그와 동시에 이사야가 들은 소리는 탄식하시는 하느님의 음성, 당신의 일을 함께할 누군가를 찾고 계시는 호소였다. "내가 누구를 보낼까? 누가 우리를 위하여 가리오?" 이사야는 대답한다. "제가 있지 않습니까? 저를 보내십시오."

이사야에게 주어진 하느님의 명령은 두렵고 난감하기 이를 데 없다. 유다 백성에게 신탁을 전하되, 그들의 마음을 무디게 하고 귀를 어둡게 하여 그들이 돌아와 치유되는 일이 없게 하여야 한다(6, 10). 백성들이 하느님의 뜻을 보고 듣게 하되, 깨닫지 못하도록 해야 한다(6, 9). 하느님이 당신의 신뢰를 거둔 이 백성, 아무리 기회를 주어도 진심으로 돌아올 일이 없을 이 백성이 누구일까? "입술이 더러운 백성"들이다. 인간이 권력에 기대어 하느님을 조롱하고 거부한 이들이다. 가난한 이들을 외면하고 괴롭힌 이들, 이 땅 한가운데 자신만 살려 한 자들이다. 고아와 과부들을 울게 한 자들, 하느님을 울게 한 자들이다.

이사야의 경험과 신탁에 얽힌 이야기를 읽으며 대선을 앞둔 가톨릭 시민들에게 주어진 책임과 의무가 무엇인지 돌아본다. 현명한 선택으로 조금 더 자질 있는 후보에게 표를 던져야 함은 물론이지만, 우리의 눈길과 마음이 닿아야 할 곳은 대선의 이전투구가 아니다. 이 땅의 사회적 약자들, 노동자, 청년, 여성, 노인들의 고통과 눈물이다. 삶의 존엄을 위한 기본 조건이 무너지고 생명이 위협받는 현실은 대통령이 누가 되건 한 사람의 지도력으로 치유될 수 있는 것이 아니다. 하느님께서 우리에게 기대하시는 것은 코로나로 인해 더 극심해지고 있는 부와 노동의 불평등을 지적하고, 실업과 열악한 노동조건으로 고통받는 이들을 살피고, 기본적인 인권조차 보장받지 못한 채 차별과 혐오에 시달리는 이웃들에게 관심을 가지며, 그들이 목소리를 낼 수 있도록 돕는 것이다. 하느님의 음성이 들리는 이곳, 하느님의 시선이 닿는 이 낮은 곳을 우리가 외면한다면, 우리들 또한, '입이 더러운 백성'이 되고 말 것이다. 귀가 있어도 듣지 못하고 눈이 있어도 보지 못하는 희망 없는 세대가 되고 말 것이다.

신비와 함께 살기

순간이 영원이 되고 영원이 순간이 되는 그런 찰나. 우리 모두 살면서 그런 순간들이 있다. 삶의 굽이굽이 책갈피처 럼 끼워져 있는 경이롭고 고요한 순간들, 오스카 와일드가 말했듯, 우리는 "때때로 살아도 사는 것 같지 않은 수년을 살기도 하지만, 인생의 모든 순간들이 한꺼번에 몰려드는 듯한 단 한 시간, 단 한 순간을 살기도" 한다. [⋯] 나와 너 를 나누고 나와 세상을 나누는 분별이 사라지는 순간이다.

유년의 신비주의

　신비체험이란 경지가 깊은 관상가들, 혹은 선택된 소수만이 경험할 수 있는 특별한 것이라는 선입견이 있다. 설명하기 힘든 현상과 기적, 치유 등이 신비체험에 동반하는 일이 비일비재하다 보니 오로지 신비체험만 동경하고 그 신비와 삶의 연결은 간과하는 신자들도 많다. 바로 그런 이유로 신비주의를 극단적인 분리, 도피주의, 기복과 미신으로 폄하하며 아예 입에 올리기 꺼리는 분들도 있다. 그런데, 정작 신비의 대가들, 역사 속의 신비가들은 자신들의 경험을 어떻게 받아들이고 있었을까?

　9월 17일은 독일 빙엔의 성인인 힐데가르트Hildegard von Bingen(1098-1179)가 선종한 날이다. 힐데가르트는 2012년 시성과 동시에 교회박사로 공인되었다. 그녀는 전례음악, 약학과 의학 등 여러 분야에서 빛나는 업적을 남긴 베네딕토회의 수도자이자 관상가, 예언자이다. 글과 그림으로도 남겨진 힐데가르트의 환시경험은 세대를 초월하여 두루 읽히고 연구되고 있는 영성의 고전이다. 친구였던 수도사 볼마르를 통해 기록된 그녀의 환시경험 첫 번째 책에는 『시비아스Scivias(Scito vias Domini, 길을 알라)』라는 제목이 붙여졌는데, 책 서문에서 힐데가르트는 이렇게 고백한다.

　예수 그리스도가 인간이 되신 후 1141년이 되던 해, 내가 마흔두 살 하고도 일곱 달이 더 지났을 때, 하늘이 열리고 더할 나위 없이 찬란한 빛이 하늘에서 내려와 내 머리로 쏟아졌다. 그 빛은 나의 뇌와 심장 그리고 가슴을 뚫고 흘러내려 내 마음에 불을 지폈다. 그러나 나를 기진맥진하게 만들지 않고 태양이 제빛을 퍼뜨려 한 사물을 따뜻하게 해주듯 그저 온화하게 불타올랐다.[*]

힐데가르트의 환시경험은 극적이고도 놀라운 심상들로 묘사되어 있어, 평범한 사람들에게는 너무나 먼 이야기처럼 들린다. 하지만 그녀는 이러한 환시경험을 꿈속이나 정신적인 혼란 상태에서가 아니라, "깨어 있는 상태에서 천진한 마음을 다하고 내면의 눈과 귀를 통해 조심스럽게 지켜보는 가운데, 그리고 하느님이 늘 거기 계셨던 듯 보통 사람들이 드나드는 곳에서" 얻었다고 고백한다. 힐데가르트의 신비경험은 "뼈와 신경과 혈관이 충분히 성장되기 전인 아주 어릴 때부터" 시작되어 일흔이 넘어서까지 계속되었다. 하늘의 개벽을 목도하고 불덩이를 맞은 사람의 술회치고는 참 담담하다.

독일의 신학자 도로테 죌레Dorothee Sölle는 『The Silent Cry: Mysticism and Resistance』이라는 책에서, 선택된 소수의 극적이고 비밀스러운 체험으로 이해되었던 신비주의의 기존 관념에 도전한다. 죌레에 의하면 신비주의는 차별 없으신 하느님이 우리 모두를 향해 열어

---

[*]   Hildegard von Bingen, *Scivias* (Mahwah, NJ: Paulist Press, 1990), 서문.

놓으신 초대이다. 신비경험의 가장 본질적인 특징은 단단한 '나'의 껍질을 부수고 나를 부르시는 하느님과 직접 만나는 것이다. 어느 누구도 그 만남의 순간을 다 담아낼 언어를 가지고 있지 못하기에, 신비주의는 가장 명확한 듯하지만 가장 설명하기 어렵고, 모든 이들이 겪을 수 있으나 모든 이들이 알아차리지는 못하며, 지극히 일상적이지만 또 일상을 전복시킬 수 있는, 세상의 논리로 보자면 모순적일 수밖에 없는 경험이다. 그러나 죌레는 그런 신비경험의 예로 우리의 어린 시절을 상기한다. 세상의 모든 것들이 새롭고, 세상의 모든 것들과 공명하던 어린 시절의 매일매일이 신비경험이 아닐 이유가 없다. 하느님은 세상 어디에나 어느 때나 우리와 함께 계시니, 그런 유년의 나날에 하느님이 함께하지 않으셨다고 말하는 것이 오히려 억지다. 죌레는 그런 어린 날의 경험을 "묻혀버린 유년의 신비주의(the buried mysticism of childhood)"라 부른다. 힐데가르트와 같은 신비가들은 그 어린 시절의 신비주의를 묻어버리지 않고 가슴에 간직한 채 평생을 살았던 이들이다.[*]

내게도 떠오르는 어린 시절의 기억이 있다. 나는 무척이나 수줍음이 많았다. 또래 아이가 말을 걸면 금세 얼굴이 달아오르고 심장이 두근거려 숨이 턱까지 차오르곤 했다. 키도 작고 행동도 굼뜨고 걱정도 많아 동무들과 뛰어다니다 보면 뒤처지기 일쑤여서, 밖에 나가 노는 것보다 집에서 혼자 책을 읽고 공상에 빠지는 것을 더 좋아했다. 혼자 노는 나

---

[*]   Dorothee Sölle, *The Silent Cry: Mysticism and Resistance* (Minneapolis, MN: Fortress, 2001), Chapter 1.

를 걱정하셨던 어머니는 내가 초등학교 3학년 때 강원도 홍천에서 열렸던 YMCA 캠프에 보내셨는데, 그 3박 4일은 즐겁지 않았다. 뒤처져 민폐를 끼치는 나 자신이 싫었고 면박 주는 그들이 원망스러웠다. 급기야 마지막 날 캠프 파이어 때 혼자 빠져나와 숙소 뒤편에 물끄러미 앉아 시간이 지나기만 기다리고 있었다. 그런데 거기서 하늘에서 떨어지는 별똥별을 처음 보았다. 다들 운동장에 모여 캠프의 밤을 즐기는 사이 홀로 발견했던 별똥별은 만화에서 보던 것처럼 환하고 아름다웠다. 긴 꼬리를 드리우며 어딘가로 꽂혀 내리는 그 순간이 마치 정지한 듯 내 마음에 찍혔다.

나는 아직도 그 밤의 찹찹한 공기와, 하늘의 검은 빛깔과, 멀리 운동장에서 들려오던 소리, 포근하게 감싸던 풀 냄새, 바람의 촉감을 모두 기억한다. 아직도 눈을 감으면 그 밤 나를 둘러싼 모든 것들이 영화의 한 장면처럼 선명하게 떠오르고, 어쩌면 지금도 그 일을 겪는 듯, 혹은 어린 나를 멀리서 쳐다보는 듯, 기억과 나의 경계 또한 흐리다. 그 벅찬 순간을 담기에 내 언어는 너무 짧고 비루하다. 다만 한 가지 분명한 것은 그 어린 시절, 그 밤, 그 순간에 나는 온전히 거기에 있었다. 보고 있는 것, 겪고 있는 것에 마음도 몸도 온전히 내어주고, 나를 둘러싼 모든 것들과 일치되어, 온전히 거기에 있었다. 나의 존재와 행동이 일치되었던 순간이다.

순간이 영원이 되고 영원이 순간이 되는 그런 찰나. 우리 모두 살면서 그런 순간들이 있다. 삶의 굽이굽이 책갈피처럼 끼워져 있는 경이롭고 고요한 순간들, 오스카 와일드가 말했듯, 우리는 "때때로 살아도 사는 것 같지 않은 수년을 살기도 하지만, 인생의 모든 순간들이 한꺼번에 몰려드는 듯한 단 한 시간, 단 한 순간을 살기도" 한다. 그런 순간 우리는 오장육부를 떨치고 마음과 혼을 산산이 흩어 그 시간 그 장소의 빛깔과 냄새와 소리의 분자들에 몸을 맡기고 그것들과 일체가 된다. 나와 너를 나누고 나와 세상을 나누는 분별이 사라지는 순간이다. 하지만 그런 순간들이 아무리 놀랍다 해도 우리는 그것을 굳이 '신비경험'이라 부르지는 않는다. 평범한 우리와 비범한 신비가들이 다른 점이 있다면 바로 그것일 것이다. 신비가들은 우리가 놓쳐버린 삶의 아주 작은 징후까지도 포착하여, 어린아이처럼 놀라워하고 두려워 떨기도 하면서 그것에 자신을 온전히 내어주기를, 그리고 그것을 신비라 표현하기를 주저하지 않는 이들이다. 그리하여 힐데가르트 성인이 그랬듯, 그런 순간들을 통해 피조물의 애통한 탄식을 듣기도 하고, 하느님의 고귀한 광채를 발견하기도 한다.

신비경험은 특별한 것이 아니다. 하느님의 신비는 세상 어디에나 펼쳐져 있으니 우리가 온전히 거기에 있기만 하면, 그렇게 님의 손짓에 응하기만 하면 된다. 기적이나 치유 같은 현상들은 그저 부수적인 것에 불과하다. 신비경험은 그러나 아무것과도 견줄 수 없는 특별한 것이다. 그 신비의 순간은 하느님과 닿아 있기 때문이다. 그 순간 우리는 하느님의 눈으로 세상을 보기 때문이다.

대림절과 감옥의 나날

"감옥 생활은 대림절과 많이 비슷하다네." 루터교 목사이자 신학자였던 디트리히 본회퍼Dietrich Bonhoeffer가 친구였던 에버하르트 베트게Eberhard Bethge에게 보낸 편지에 남긴 말이다. 히틀러 암살 계획에 가담한 혐의로 1943년 4월에 체포된 본회퍼는 두 번의 대림절을 감옥에서 보냈다. 그는 왜 감옥 생활이 대림절과 닮았다고 생각했을까? 이어지는 글에서 이렇게 말한다. "감옥에서 우리는 기다리고 희망하며 이런저런—딱히 결과를 바라지 않는—일들을 하지. 굳게 닫힌 감옥의 문은 오로지 밖에서만 열릴 수 있다네." 자신의 손으로 감옥의 문을 열 수 없는 수인은 옥 바깥에서 문을 열어줄 선한 힘을 바라고 기다리며 하루하루를 살아낼 뿐이다. 기다리는 것. 내 모든 힘을 다해 애쓰고 분투하며 달려왔지만 도저히 어쩔 수 없는 절망의 벽에 가로막힐 때, 그저 다 포기하고 싶지만, 내가 측량할 수 없는 선한 힘이 나를 포기하지 않으리라는 것을 믿고 기다리는 것. 그것이 끝까지 삶을 긍정하며 명랑함을 잃지 않았던 사형수 본회퍼의 대림이었고, 그 옛날 제국 로마의 권세 아래 무능력한 정권과 종교귀족들과 부자들의 기만과 수탈 속에서 힘겹게 살아가던 히브리 민중들의 길고 간절한 대림이었다. 코로나바이러스 덕에 '격리'라는 단어를 유례없이 많이 사용하며 힘든 한 해를 보내고 맞는 이번 대림절, 본회퍼의 감옥 비유가 위로가 된다.

기다림이 늘 원하는 방식대로 응답되면 좋으련만, 삶은 그렇지 않을 때가 더 많다. 본회퍼는 나치 패망 불과 한 달 전에 교수형에 처해져 서른여섯 짧은 생을 마감했다. 천둥 같은 목소리로 세상을 바꿀 메시아를 기대했던 히브리 민중들의 기다림도 예상치 못했던 방식으로 응답되었다. 그들이 바라던 메시아는 가난한 난민 부부의 몸을 통해 더러운 마구간으로 찾아왔고, 돈도, 권력도, 번번한 교육 배경도 없는 떠돌이 설교자가 되어 살다 결국 십자가에 달려 본회퍼보다도 짧은 생을 마감했다. 하느님은 본회퍼의 기다림도 히브리 민중들의 기다림도 그들이 당면한 문제를 해결하시기보다 다른 지평으로 그들을 초대하는 방식으로 응답하셨다. 본회퍼의 안타까운 죽음은 정의로운 삶의 본보기가 되어 우리를 일깨우는 선한 힘으로 남았고, 그리스도 예수는 죽음을 거쳐 생명의 떡이 되어 지금도 우리 삶으로 부활하고 있다.

　하느님의 응답은 인간의 지평에 머물러서는 이해할 수 없다. 하느님의 원칙과 인간의 원칙이 계속해서 갈등과 긴장을 일으킬 수밖에 없다는 것을 받아들이는 것이 그리스도 강생의 신비를 삶으로 살아내는 자세다. 칼케돈 공의회의 신경은 강생의 의미를 하느님과 인간이 연합하여 "두 본성 안에서 혼합되지 않으시고, 변화하지 않으시고, 분리되지 않으시고, 나누어지지 않으시고, 인식할 수 있으며 어디에도 일치 때문에 본성들의 구별이 없어지지 않으시는" 채로 존재한다고, 모호하기 그지없는 문장으로 표현한다. 하느님의 지평과 인간의 지평 사이에 존재하는 필연적인 간극을 인위적으로 메꾸어 가짜 해답을 제시하기보다 갈등과 긴장을 그대로 드러내는 언어를 택한 것이다. 말하자면, 그리스도가 세상에 오신 의미를 이해한다는 것은 명확한 지식을 구성하는 것이 아니라 그 신비를 마주하여 우리 지평이 확장되고 삶이 변화하는 경험을 하는 것이다.

이렇듯 나의 지평이 협소하다는 것을 받아들이고 하느님의 지평을 향해 마음을 여는 시기가 대림절이다. 크신 하느님 당신이 어느 누구의 시야도 닿을 수 없는 넓고 높은 지평에서 나를 포함한 모든 이들의 시야를 아우르며, 모든 이들의 고통과 설움을 안타까이 보듬으며, 모든 이를 살게 하는 숨을 불어넣어주시리라는 것을 바라고 기다리는 마음이 대림절의 마음이다. 하느님이 원하는 것이 내가 원하는 것과 다를지라도, 그로 인해 내 계획을 포기해야 하고 내가 꿈꾸었던 것과는 다른 삶을 살게 된다고 하더라도 결국에는 나조차 미처 깨닫지 못했던 내 마음 깊은 곳의 선함이 일깨워져 당신의 선함과 하나되리라 믿는 것이 대림절의 신앙이다. 당신의 자비로운 숨이 나만을 위해 존재하는 것이 아니라, 그 숨이 내게 닿아 있듯 모두에게 닿아 있어 당신 안에서 차별 없이 함께 숨 쉴 수 있다는 것은 오히려 큰 축복 아닐까.

내 뜻이 아니라 당신 뜻이 이루어지길 기다리는 대림절의 신앙으로 하루하루를 살아가는 삶은 어떤 모양일까. 본회퍼보다도 많은 겨울을 감옥에서 보낸 작고하신 신영복 선생의 글이 떠오른다. 선생은 추운 겨울의 감옥살이를 오히려 감사하게 생각했다. 여름의 감옥은 겨울보다 지내기 편할지 몰라도 무더위 속 서로 붙어 칼잠을 자야 한다는 그 하나의 사실 때문에 내 옆에 있는 이를 증오하게 만들기 때문이다. "자기의 가상 가까이에 있는 사람을 미워한다는 사실, 자기의 가상 가까이에 있는 사람으로부터 미움 받는다는 사실"은 선생에게 가장 끔찍스러운 현실이었다. 미움의 원인이 고의적인 소행에서 비롯된 것이 아니라, 인간이라는 존재 그 자체 때문이라는 사실이 얼마나 절망적인가. 바꾸어 말하면, 칼바람이 드세고 차가운 감옥의 바닥이 살을 에이는 혹독하기 그지없는 겨울 감옥살이라 하더라도 함께 있는 이들을 사랑할 수 있다면 기다림은 견딜 만하다. 옆 사람의 존재로 인해, 아니 옆 사람을 대하는 나의 마음에 따라 기다림은 형벌이 되기도 하고 축복이 되기도 한다.

우리의 기다림을 형벌로 만드는 미움의 요소들이 세상에 너무 많다. 그것이 차별과 미움을 조장하는 법이건, 특권을 재생산하는 거대 조직이건, 다른 의견을 갖고 있으면 미워하는 것이 당연하게 된 세태이건, 아니면 증오의 감정과 대상을 바로잡지 못하게 하는 자기혐오이건, 두터운 안개처럼 내 지평을 가로막아 하느님의 지평을 바라보지 못하게 하는 숱한 미움들을 짚어보고 조금씩 지워나가는 연습을 하며 이번 대림절을 마무리해보는 건 어떨까. 그리고 성탄 축일 아침엔 세상 모든 이들의 새 아침을 축복하며 이렇게 기도해보자. "선한 능력에 언제나 고요하게 둘러싸여 보호받고 위로받은 이 놀라움 속에서 여러분과 함께 오늘을 살기 원하고, 그리고 여러분과 함께 새로운 한 해를 맞이하고 싶습니다."(디트리히 본회퍼)

임하소서, 임마누엘

"임하소서, 임마누엘"(가톨릭 성가 93번)은 대림시기의 마지막 두 주일에 많이 부르는 우리 귀에 익숙한 성가이다. 대림 성가들이 대체로 그렇지만, 이 성가는 더욱 잔잔하고 구슬프며 설움과 탄식이 묻어난다. 작사자와 작곡자가 밝혀지지 않은 이 오래된 성가는 8세기 무렵부터 유럽의 수도자들을 통해 구전되기 시작했다는데, 원문 라틴어 가사에는 이런 정서가 더욱 깊다. "곧 오소서 임마누엘, 오 구하소서 이스라엘, 외로운 포로 생활 고달파 메시아를 기다립니다. 당신께서 내리시는 새날의 기운으로 우리를 견디게 하소서. 깊은 밤의 우울한 구름을 흩으시고 죽음의 어두운 그림자를 쫓아내소서. 당신의 아들이 우리 앞에 모습을 드러낼 때까지 기뻐합시다, 기뻐합시다, 어서 오소서 임마누엘." 언젠가 오실 메시아에 대한 한줄기 희망을 품고 기나긴 포로 생활을 견디어내고 있는 이스라엘 백성의 신산한 세월이 가사 속에 이렇듯 절절하다.

내용을 좀 더 곰곰이 살펴보면, 의미가 더 새롭다. 잘 알려져 있듯, 히브리어 '임마누엘עִמָּנוּאֵל'은 '우리와 늘 함께 계시는 주님'이란 뜻이다. 앞뒤 단락과 함께 풀어보면, '늘 함께 계시는 주님, 어서 오소서'란 뜻으로 다소 모순이 있지만, 이스라엘 백성들이 가졌던 믿음의 성격을 잘 보여주는 구절이기도 하다. 그들은 고달프고 외로운 포로의 삶을 살면서도 늘 함께 계시는 하느님에 대한 믿음을 놓지 않았다. 그 믿음의 끝에는 천둥처럼 등장하여 억압자들을 물리치고 고된 삶을 끝장내어줄 메시아, 구세주가 있었다.

　포로 생활이 끝나고 이제는 제국 로마의 식민치하에 살고 있는 서러운 백성들에게 마침내 그 구세주가 왔다. 그러나 그들이 바라던 대로 위엄 있고 웅장한 제왕의 모습이 아닌 발가벗은 아기의 모습으로, 칭얼대고 보채는 연약한 생명으로 왔다. 예기치 못했던 혼전 임신으로 남의 눈에 곱지 못했을 가난한 부부에게 태어난 이 갓난쟁이 메시아는 냄새나는 여물통에 누워 첫 숨을 쉬었다. 아기의 앞날은 더 암울하다. 그는 부모를 따라 이방 땅의 난민이 되어 유년을 보낼 것이며(마태 2, 13-15), 많은 사람들의 반대를 받는 표적이 되어 어미의 마음을 예리한 칼에 찔린 듯 아프게 할 것이다(루카 2, 34-35). 그뿐인가, 고난의 때가 오면 그의 몰골은 사람의 형상을 찾아볼 수 없을 만큼 망가질 것이며(이사 52, 14), 멸시와 퇴박을 당하며 모두에게 업신여김을 받을 것이다(이사 53, 3).

　상서로운 별빛을 따라 수십 리를 여행하여 아기를 찾아온 동방의 박사들은 아기 앞에 놓인 척박한 길을 아마도 짐작하고 있을 것이다. 제왕을 위한 선물인 황금을, 제사장을 위한 선물인 유향을, 메시아를 위한 선물인 몰약을 낙타에 싣고 사막을 건너오는 그들의 여행길엔 어쩌면 깊은 침묵이 깔려 있었을지 모른다. 헤아릴 수 없는 신의 섭리에 대한 경외와, 아기가 감당해야 할 운명에 대한 안타까움과, 이제 눈앞으로 다가온 구원에 대한 기대, 이 복잡한 마음을 어찌 말로 담아낼 수 있었을까. 마침내 아기 앞에 당도한 이 이방의 현자들은 선하디선한 어미와 아비의 품에 안겨 있는 운명의 아기에게 제왕과 제사장과 메시아에게 합당한 예를 올린다. 그들이 할 수 있는 모든 정성을 다해 머리를 숙이고 무릎을 꿇고 경배를 드린다.

오매불망 메시아가 올 날을 기다리며 의롭게 살던 예언자 시메온 영감도 태어난 지 여드레가 되어 정결예식을 치르기 위해 성전에 온 이 딱한 아기를 만났다. 기다림이 준 지혜였을까, 영감은 아기를 한눈에 알아보았다. 아기 앞에 놓인 척박한 운명 또한 눈에 들어왔다. 그러나 영감은 아기를 두 팔에 받아 안고 기꺼이 하느님을 찬양한다. "주여, 이제야 말씀하신 대로 당신 종을 평화로이 떠나게 해주셨습니다. 제 눈이 당신의 구원을 본 것입니다."(루카 2, 29-30)

동방박사들과 시메온 영감이 본 구원은 무엇이었을까? 여물통에서 태어나 십자가에 달려 죽을 고난의 종의 운명을 타고난 아기에게서 그들은 무엇을 보았을까? 하느님의 사랑을 보았을 것이다. 하느님이 당신의 본질을 내어 세상에 보낸 이 어린 아기는 사랑을 위해 태어났고, 자신의 목숨까지 버려 끝내 사랑할 것이다. 그는 사랑을 위해 가장 낮고 고단한 삶들 한가운데로 들어갈 것이고, 그들이 토해내는 시름과 탄식을 자신의 숨으로 들이켜며 임마누엘을 일깨울 것이다. 하느님이 단 한 순간도 그들을, 우리를, 버린 적이 없었다는 것을 알릴 것이다. 그가 선포할 구원은 하느님의 그 오래고 깊고 질긴 사랑에 우리가 응답함으로써 비로소 실현되는 사랑의 완성이다. 운명의 아기는 그 사랑을 드러내었다.

그 어린 아기가 오늘 우리 앞에 있다. 아직 채 고개를 가누지도 못한 채, 밤톨만 한 주먹을 꼭 쥐고, 아기는 평온한 잠을 자고 있다. 이 작은 생명체는 곧 자라 자신에게 주어진 운명에 순응할 것이다. 사랑할 것이다. 우리의 온정이 닿지 않는 춥고 외진 곳의 생명들에게 갈 것이다. 역병의 세상 가족을 잃고 집을 잃고 일터를 잃은 이들에게로, 전쟁과 기후 재난과 가난으로 고향을 떠나 이웃의 손길을 간절히 기다리고 있는 난민들에게로, 고립된 채 우리의 눈길에서 멀어져가는 독거 노인들에게로, 남과 다르다는 이유로 혐오의 대상이 되어야 하는 성소수자들에게로, 그는 임마누엘을 알리기 위해 떠날 것이다. 그리고 그 발길이 닿는 곳마다 우리에게 고개를 돌려 물을 것이다. "내가 당신들을 사랑한 것 같이, 당신들도 서로 사랑하지 않겠소?"(요한 13, 34 참조)

세 가지 유혹

　서른 살 청년 예수가 광야로 나선다. 머지않아 그는 마음 깊은 곳에서 자신을 깨우는 사명을 따라 외롭고 고통스러운 여정을 떠나게 될 것이다. 오해받을 것이고, 배척받을 것이며, 가까운 친구에게조차 버림받아 결국은 목숨까지 내려놓아야 할 길이 그의 앞에 놓여 있다. 그 길에 발을 내딛기 전 그는 자신의 마음을 보고 싶었을 것이다. 하늘의 마음과 일치된 마음이라는 것을 굳게 믿지만, 연약한 인간의 심장을 가진 그이기에, 자신에게 찾아올 유혹들을 살피고 싶었을 것이다. 오롯이 자신을 마주할 침묵의 시간이 필요했을 것이다.

　40일간 곡기를 끊었다. 정신은 명료하지만 몸은 허기지다. 첫 번째 유혹이 말을 건다. "당신이 하느님의 아들이라면 이 돌더러 빵이 되라고 해보시오." 단순히 마술을 부려 주린 배를 채우라는 유혹이 아니다. 주어진 힘을 무엇을 위해 사용할 것인가에 관한 유혹이다. 자신의 능력을 다른 이들에게 보여주어 주목받고 인정받고 싶은 욕구는 누구에게나 있다. 허기지고 굶주린 유다의 백성들 앞에서 돌을 빵으로 만든다면, 그의 길에 사람들이 구름과 같이 모여들어 환호할 것이다. 어쩌면 그가 전하고 싶은 메시지를 훨씬 쉽게 전할 수도 있을 것이다. 그러나 눈앞에 빵을 보고 모여든 이들은 굶주림이 채워지면 돌아설 것이다. 굶주리게 하는 원인을 찾지 않을 것이고, 굶주린 이웃들을 살피지 않을 것이다.

하느님이 일하는 방식이 아니다. 예수는 답한다. "사람은 빵으로만 살지 않는다."

유혹이 두 번째 말을 건다. "저 나라들의 권세와 영광을 당신에게 주겠소. 내게 경배하면 모두 당신 차지가 될 것이오." 이번에는 어떤 힘을 가질 것인가, 권력의 원천을 어디에 둘 것인가에 관한 유혹이다. 그는 유다의 민중들이 제국 로마의 압제에서 얼마나 부당한 대우를 받고 있는지 잘 알고 있다. 그들이 얼마나 간절하게 땅과 자유를 원하는지 알고 있다. 인간의 권력 중에 으뜸가는 권력을 가질 수 있다면! 그 권력을 선한 일을 위해 사용하면 되지 않는가! 달콤한 제안이다. 그러나 예수는 고개를 젓는다. 인간의 권력은 하느님의 힘과 근본적으로 다르다. 권력을 사용하여 소유하고 제압하는 것은 하느님의 방식이 아니다. 비우고 나누고 낮아지는 것이 하느님의 방식이다. 하느님의 일을 위해서는 스스로를 비워 종의 모습으로 가장 낮은 곳에 있는 이들과 같이 되어야 한다는 것을 청년 예수는 잘 알고 있다(필립비서 2, 6-8). 그가 답한다. "주 너의 하느님께 경배하고 그분만을 섬겨라."

유혹이 마지막 말을 건다. "당신이 하느님의 아들이라면 여기에서 밑으로 몸을 던져보시오." 권력을 어떻게 사용할 것인가에 관한 유혹이다. 성전 꼭대기에서 몸을 던지고 천사들이 그를 손으로 받쳐 떠올려준다면 모든 이들이 그를 우러러보며 두려워할 것이다. 그가 하느님께서 몸소 기름 부어 세운, 유대 민족이 그토록 기다리던 바로 그 메시아라는 것을 누구도 의심하지 않을 것이다. 그러나 예수는 자신의 힘을 증명하여 하느님의 일을 하고 싶은 생각이 없다. 권력은 눈에 보이지만 사랑은 눈에 띄지 않는다. 도스토옙스키의 『까라마조프가의 형제들』에 등장하는 대심문관이 예수에게 비웃듯 이야기한 것처럼, 그는 "영원히 공포에 떨게 할 권세 앞에 무릎 꿇는 노예들의 환희가 아니라, 자유로운 사랑을 열망했기 때문"이다. 권력은 요란하고 웅장하고 위압적이어야 하지만, 사랑은 작아지고 초라해지고 스며드는 것이다. 권력은 입증되어야 하지만 사랑은 증명이 필요 없다. 그저 존재하는 것이다. 스스로를 내어줌으로 상대를 변화하게 하는 것이다. 하느님은 사랑이다. 예수가 유혹에게 답한다. "주 너의 하느님을 시험하지 마라."

예수가 광야에서 받은 유혹은 우리 모두가 힘을 갖게 될 때 직면하게 되는 보편적인 시험이다. 직장 혹은 사람 관계에서 갖게 되는 일상의 권력이든, 정치권력이든, 종교 권력이든, 모든 권력에는 유혹이 따른다. 사랑의 길은 도무지 어렵고 힘들지만 권력은 언제나 쉬운 해결책을 제시한다. "하느님을 사랑하는 것보다 하느님이 되는 것이 더 쉽다. 사람들을 사랑하는 것보다 다스리는 것이 더 쉽다. 삶을 사랑하는 것보다 삶을 소유하는 것이 더 쉽다"(헨리 나우웬).

사순 시기가 시작되었다. 이제 우리는 청년 예수와 함께 광야에 나간다. 우리에게 주어진 힘을 무엇을 위해, 무엇에 원천을 두고, 어떻게 사용할 것인가 유혹이 묻는다면, 어떤 대답을 하시겠는가?

사막에서 배운 겸손

 겨울을 재촉하는 비가 차갑다. 비가 그치면 겨울이 성큼 다가올 것이다. 미네소타의 겨울은 길고 지루하다. 10월 말에 눈이 오기 시작해 이듬해 4월까지 매서운 날씨가 계속된다. 이제 겨울 채비를 해야겠다 생각하니, 자주 찾아가지 못해 늘 미안한 평화의 집(Peace House) 식구들이 떠오른다. 미니애폴리스 평화의 집은 성요셉 수녀회 로즈 수녀Sr. Rose Tillemans의 헌신적인 노력으로 1995년 처음 문을 열었다. 오갈 데 없는 트윈시티 프랭클린가街 인근의 노숙인들을 초대해 주중 매일 점심식사를 제공하고 종교를 초월한 나눔과 명상, 기도 시간을 갖는 곳이다. 자원봉사자들의 힘으로 운영되고 있는 이 작은 공동체를 노숙인들은 '프랭클린의 거실'이라 부른다. 이곳에 오는 노숙인들 대부분은 술과 약물에 의존하지 않으면 살기 힘든 분들이다. 시에서 생활보조금이 나오지만, 한 달을 살 수 있는 금액은 아니다. 돈이 떨어지면 끼니를 해결할 곳을 찾아 거리를 떠돌다 저녁에는 노숙인 쉼터에서 잠을 청한다. 평화의 집에 정기 출석을 하시는 분들은 그나마 스스로를 관리할 수 있는 힘과 다른 사람들에 대한 신뢰가 실낱 같으나마 남아 있는 분들이다. 술이나 약물에 취해 있으면 식사시간에 참여할 수 없다는 규정이 있으니, 적어도 하루에 몇 시간 정도는 맑은 정신을 유지해야 하기 때문이다.

이분들이 평화의 집을 찾는 이유는, 정성스레 마련된 따뜻한 한 끼 밥도 물론 중요하지만, 자신들의 말에 귀 기울여주고 대화를 나누어줄 이들이 절실하게 필요하기 때문이다. 추운 겨울 길바닥에서 동사해도 부음을 전할 이들조차 없는 외로움과 두려움을 함께 나눌 수 있는 곳이 이곳이다. 점심식사가 끝나면 또 거리로 나서야 하지만, 적어도 이곳에 있는 동안만은 다들 식구처럼 의지하며 이야기들을 나눈다. 언젠가는 '평생 먹고살 걱정 없을 만한 액수의 복권이 당첨된다면 무엇을 할까'라는 주제로 수다판이 벌어졌다. 다들 들뜬 목소리로 서로의 포부를 나눈다. 식당을 열겠다, 잃어버린 동생을 찾겠다, 다들 감춰두었던 사연을 꺼내놓는데, 내 옆에 앉아 있던 갓 서른을 넘겼다는 금발머리 청년이 들릴락 말락 한 목소리로 입을 연다. "나는 그런 돈이 생기면 멀리 떠나버릴 거야." "어디로 가고 싶은데?" 하고 내가 묻자 고개를 푹 파묻은 채 대답한다. "어디로 가는지는 중요하지 않아. 그냥 아무도 날 기억하지 못하는 세상 반대편으로 가서 살고 싶어." 그는 한때 대학에도 다녔지만 상실과 절망을 겪은 후 알코올 중독에 빠져 학교도 그만두고 가족조차 떠나 거리로 나앉았다. 젊은 그가 감당하기 힘들었을 기억의 무게가 어렴풋이나마 내게도 전해져 가슴이 먹먹해졌다. 이날 이때까지 살아오면서 그가 만났을, 한때는 사랑했을 어느 누구에게도 그는 돌아갈 수 없는 것이다.

이런 노숙인들에게 겸손이란 무슨 의미일까? 겸손의 사전적 정의는 '남을 높이고 자신을 낮추는 행위', 즉 '교만, 거만'과 반대말이다. 더 내려갈 곳이 없을 만큼 사회의 가장 낮은 곳에서 하루하루를 연명하는 이들에게도 겸손은 덕목이 될 수 있을까? 노숙인들뿐만이 아니다. 여성, 장애인, 성소수자 등 사회의 특권을 누리지 못하는 모든 이들에게 일반적으로 이해되는 '겸손'을 요구할 수는 없다. 특히 가부장적 특권에서 배제된 여성들에게 순명과 함께 짝을 이루어 강조되어온 덕이 겸손이기에, 주디스 플라스코Judith Plaskow와 같은 여성신학자들은 겸손이 여성들에게는 적용될 수 없는 덕이라 하며 비판하기도 했다.

그러나, 겸손이라는 덕을 누구보다도 강조한 그리스도교 초기(3-4세기) 사막의 수도자들은 오늘날 우리와는 다른 의미로 겸손을 이해했다. 사막의 수도자들에게 겸손은 언제나 관계적인, 그러니까 다른 수도자들과의 관계, 또는 자기 스스로와의 관계 속에서만 제대로 이해될 수 있는 단어였다. 그들은 박해를 피해, 혹은 제국 로마와 타협을 이루며 변질되어가는 지도자들에게 실망하여 사막으로 들어갔다. 이들 사막의 수도자들이 한결같이 원했던 것은 지배와 복종을 근간으로 하는 도시의 질서와 차별되는 삶이었다. 사막은 삶과 죽음이 간발의 차이로 서로 미끄러지며 공존하는 곳이다. 그 사막을 찾은 수도자들은 그저 목숨을 부지하는 삶이 아닌, 그리스도인의 삶이라는 것이 무엇인가 치열하게 묻고 싶었던 이들이다. 그러나, 막상 도착하고 보니 사막은 생각보다 훨씬 잔인했다. 일촉즉발의 위기가 언제든 닥칠 수 있는 사막, 두려움과 공허함과 외로움이 유령처럼 찾아오는 사막에서 그들이 가장 먼저 깨달은 것은 자신의 육체와 정신의 연약함이었다.

사막의 수도자들은 마음 한구석 품고 있었던 영웅적인 자아가 비참하게 무너지는 것을 경험한다. 홀로 서기 위해 택한 사막이었으나, 아이러니하게도 동료 수도자들의 도움 없이는 홀로 설 수 없다는 것을 깨달으면서 비로소 사막 수도자의 삶이 시작되었던 것이다. 겸손은 이러한 자각을 얻은 사막의 수도자들이 그리스도인으로서 함께 살아남기 위해 반드시 쌓아야 했던 덕이었다. 나의 연약함과 내 이웃의 연약함을 겸허하게 받아들이고, 나아가 내 생명의 귀중함과 내 이웃의 생명의 귀중함을 차별 없이 인정하며, 서로를 의지해 하느님 앞에 바로 서고자 하는 마음가짐이 바로 겸손이었던 것이다.

사막의 수도자들이 강조했던 겸손은 단순히 자신을 낮추는 것, 혹은 교만의 반대어가 아니다. 겸손은 또한 습관적인 자기비하, 무조건적인 희생, 정당한 권리를 주장할 때조차 느끼게 되는 죄책감과도 거리가 멀다. 겸손의 가장 본질적인 의미는 나와 당신과 함께하는 하느님을 사모하는 것이다. 그리고 그 사모하는 마음이 오롯이 지켜질 수 있도록 서로 돕는 것이다. 의로운 체거거나 이웃을 판단하고 정죄하고 싶은 유혹을 거부하는 것도 겸손이지만, 왜곡된 자아상에 집착하여 스스로를 비하하고 파괴하려는 충동을 거부하는 것도 겸손이다. 나아가 내 이웃이 나를 통해 스스로를 비추어보도록, 나 또한 이웃을 통해 나를 비추어보도록, 서로를 기꺼이 허락하는 것이 겸손이며, 그렇게 마주 보아 부끄러워지지 않도록 치열하게 노력하는 것이 겸손이다. 그러기에 아우구스티노 성인은 "인간이여, 그대가 인간임을 알지어다. 그대의 온전한 겸손은 자신을 아는 것이다"라고 말했고, 아퀴나스 성인은 하느님의 은총 앞에 자신의 마음을 활짝 열고, 나아가 이웃에게 너그러우며 그들의 어려움을 살필 줄 아는 것이 겸손이라고 말했다.

사막은 오늘을 살아가는 우리들에게 하나의 은유다. 우리는 경쟁이
라는 포악한 맹수에 쫓기며 자본주의의 사막에서 하루하루를 살아간
다. 인간의 정과 도리를 오아시스처럼 애타게 그리워하면서 말이다. 본래
의 뜻을 잃어버린 수도자들의 겸손을 우리 시대의 언어로 번역한다면
무엇이 될까? '공감할 수 있는 능력'이 아닐까? 나와 당신이 서로 인간임
을 감지할 수 있는 연약한 마음을 보듬고, 당신의 안쓰러움을 그냥 보
고 넘기지 못하며, 당신이 아플 때 나도 함께 아플 수 있는 그 힘 말이
다. 겸손은 그렇게 함께 보고, 함께 느끼고, 함께 걷는 것이다. 따라서 겸
손은 지위의 높고 낮음에 상관없이 누구나 추구해야 할 덕이다. 노숙인
들을 함부로 비난하는 이들에게도 필요하고, 자신의 회복 가능성을 신
뢰하지 못하는 노숙인들에게도 필요한 것이 겸손이다.

미니애폴리스 평화의 집

두 가지 불안, 두 가지 믿음

때는 16세기, 교회의 부패가 극에 달하고 종교재판이 연일 이어지던 스페인의 세비야. '이단자'들을 불태우던 불길이 뜨겁게 타오르던 그곳에 자신이 그토록 사랑했던 인간들을 너무도 보고 싶어 했던 그리스도가 모습을 드러낸다. 그 옛날 갈릴리 땅을 거닐던 모습 그대로 사람들 속에 나타난 그를 사람들은 단번에 알아보고 에워싸며 뒤따른다. 그리스도는 이내 체포되어 노령의 대심문관과 숙명적인 대면을 한다. 대심문관은 황야에서 그리스도가 했던 것과 같이 수행에 몰두하던 끝에 "무덤 뒤에는 어둠밖에 없다"고 단정하고 신과 결별한 사람이다. 그는 인간이란 본래 나약하기 그지없는 존재여서 신이 부여한 자유를 누릴 자격을 갖추지 못했으며 따라서 자유의지 대신 물질적 풍요와 삶의 안락을 제공함으로써 인간을 진정 행복하게 해줄 수 있다고 믿는다. 대심문관이 그리스도에게 다그친다.

너는 인간이 선악의 의식에 있어서 자유로운 선택보다는 안식을(때로는 죽음까지도) 더욱 귀중하게 여긴다는 것을 잊었느냐? 그야 물론 인간에겐 양심의 자유보다 더욱 매혹적인 것은 없지만, 그러나 그것보다 더 괴로운 것도 없다. 그런데 너는 인간의 양심을 영원히 평안케 할 확고한 근거를 주지 않고 그 대신 이상하고 수수께끼처럼 아리송한, 인간의 힘

에 겨운 것들만을 그들에게 주었다.[*]

위의 이야기는 도스토옙스키의 장편 『카라마조프의 형제』에 등장하는 이반 카라마조프의 자작 서사시 「대심문관」의 한 구절이다. 이 짧은 이야기가 도스토옙스키의 저작 중에서도 백미로 평가받는 이유는 아마 무한과 유한의 사이에서 갈등하는 인간의 본질을 장엄하고 날카로운 필치로 묘사하고 있기 때문이겠다.

대심문관과 그리스도가 대립하는 지점은 바로 신앙의 본질에 대한 상반된 해석이 드러나는 지점이기도 하다. 대심문관에게 있어 '믿는다' 는 행위는 곧 물질적 풍요와 삶의 안락을 보장해주는 대상에게 자유를 반납하고 순종하는 것을 의미한다. 그러나 그리스도에게 '믿는다'는 행위는 풍요와 안락을 포기하는 대신 자유를 통해 사랑을 선택하는 것을 의미한다. 대심문관은 끈질기게 논증하고 설득하며 그리스도의 '무모한' 행동을 조롱한다. "너는 인간의 자유를 지배하는 대신 그 자유를 배가시켜 영혼의 왕국에 영원한 고통의 짐을 지워주었다!"

믿음이란 과연 '풍요와 안락을 확보하기 위한 보루인가', 아니면 '풍요와 안락을 포기하고 하느님을 선택하는 투신인가'—어떤 가치에 우선을 두고 하느님을 믿는가를 묻는 질문이다. 밥인가, 혹은 하느님을 향한 사랑이 주는 자유인가. 인간에겐 밥과 자유가 모두 필요하다. 그러나 나의

---

[*] 도스토옙스키, 『카라마조프의 형제』, 김학수 옮김(민음사).

믿음이 혼자 밥을 먹는 일에 만족하는 맘몬의 세상을 향한 믿음인가, 아니면 내 눈앞의 밥을 포기하더라도 모든 이들이 정직하고 진실하게 밥을 구하고 함께 나눌 수 있는 세상을 향하는, 즉 하느님 나라를 향한 믿음인가는 질문해야 한다.

이 두 질문을 섞어서 '하느님을 선택하면 당연히 복을 내려주시니 풍요와 안락도 따라온다'고 가르치는 거짓 교사들이 많지만, 적어도 예수에게 있어서 이 질문은 명백하게 선택의 문제였다. 예수는 "아무도 두 주인을 섬길 수는 없다. 한 편을 미워하고 다른 편을 사랑하거나 한 편을 존중하고 다른 편을 업신여기게 된다. 너희는 하느님과 재물을 아울러 섬길 수 없다"(마태오 6. 24)라고 말했다. 맘몬의 나라와 하느님 나라를 동시에 가질 수는 없다. 그러기에 이 질문은 우리의 마음에 깊게 자리 잡고 있는 불안을 자극한다. 그러나 어떤 믿음을 선택하느냐에 따라 불안에 대응하는 태도가 달라진다.

맘몬을 향한 믿음을 선택하는 이들은 불안을 거부한다. 불안의 흔적이 눈에 보이면 안 되기에 견고한 안전망을 만들어 불안을 지우려 한다. 이들은 돈과 권력을 자신의 편으로 확보하고는 하느님이 보호하고 계신다고 착각한다. 심지어 하느님의 몸인 교회조차도 돈과 권력의 보호를 받아야 한다고 생각한다. 또한 자신의 불안에 매몰되어 있으니 이웃의 불안과 아픔과 고통을 느낄 수 없다. 이웃들이 자신의 안전망을 위협하고 가진 것을 빼앗아 갈 것이라 겁을 먹는다. 이들은 불안을 없애준다는 허언을 퍼뜨리는 독재자를 선호하고, 불안의 심리를 이용하는 공포 정치에 의존한다. 이들이 상상하는 하느님이 독재자의 얼굴을 하고 있으니 어쩌면 당연하다. 불안이 갖고 있는 불확실성이 두렵기에 이들은 차라리 죽어 있는 것들로 향한다. 딱딱하고, 차갑고, 움직이지 않는 것이 더 안전하다고 생각한다. 이렇게 자꾸 죽음으로 향하는 것들을 택한다.

반면, 하느님 나라를 향한 믿음을 선택하는 이들은 불안을 유한한 인간의 본성으로 받아들이기에 애써 거부하지 않는다. 철학자 키르케고르가 말했듯, 불안은 무한한 하느님을 사랑할 때 뒤따르는 "자유의 가능성"이다. 이들에게 믿음이란, 인간을 영원히 공포에 떨게 하는 권세 앞에 노예처럼 복종하는 행위가 아니다. 자유롭게 열망하고 뜨겁게 사랑하는 행위이다. 그러기에 안전망 따위는 필요 없다. 사랑한다는 것은 어차피 아무것도 예측할 수 없는 불확실성, 불안에 자신을 맡기는 것이다. 예수 또한 그랬다. 그는 신성이라는 조화와 질서의 영역에서 혼탁과 무질서의 영역으로 들어와 불안이라는 인간의 숙명을 자발적으로 받아들인 역설적인 존재이다. 사랑했기에 그런 바보 같은 선택을 한 것이다. 신앙의 모범 중에 이런 '바보'들이 많다. 윤지충 바오로와 123위 복자들도 이런 '바보'들이었다. 이들은 하느님만을 사랑하며, 그 사랑에 기대어 세상이 주는 안락함을 포기했다. 그리고 이들은, 하느님을 사랑한다는 것은 곧 그 하느님이 사랑하신 사람들을 사랑한다는 것임을 알았다. 그렇게 이들은 사랑하는 이들과 함께 밥을 나눌 평등한 세상을 향해 자신을 던졌다. 약하고 보잘것없고 아슬아슬해 보일지라도, 예수가 그랬듯 생명을 택했다.

'대심문관' 이야기의 결말로 돌아가보자. 대심문관의 길고 긴 독백이 끝나자, 내내 침묵을 고수하던 그리스도는 자리에서 일어나 대심문관에게 다가가 그의 메마른 입술에 조용히 입을 맞춘다. 다소 느닷없는 결말을 놓고, 이반 카라마조프는 이렇게 말한다. "키스는 대심문관의 마음속에 살아 있지만 그는 여전히 자신의 이념을 고수하지." 우리는, 나는, 지금 무엇을 택하고 있는가?

그 사내가 본 십자가

그가 목숨을 잃던 금요일 오후. 한 사내의 움직임이 심상치 않다. 사내는 치욕스러운 십자가에 매달린 젊은이를 안타깝게 바라보며 서 있다. 이윽고 그가 마지막 남은 숨을 몰아쉬는 것을 확인하고는 고개를 떨군다. 그리고 슬퍼할 겨를도 없이 언덕을 내려와 총독 빌라도의 관저를 찾는다. 사내는 마음이 바쁘다. 안식일이 시작되는 땅거미가 깔리기까지 불과 몇 시간 남지 않았다. 장사 지내줄 친구들조차 남아 있지 않은 젊은이의 죽은 몸이 무심한 들짐승들과 날짐승들에게 훼손당하고 썩어가는 것을 보고 싶지 않다. 총독으로부터 시체를 수습해도 좋다는 허락을 받은 그는 필요한 물품을 구해 다시 골고다 언덕으로 걸음을 옮긴다.

사내는 아리마태아 출신의 요셉. 그는 이스라엘의 최고 의결기관이자 행정법과 사법권을 독자적으로 행사할 수 있었던 산헤드린의 의원, 그중에서도 명망 있고 존경받는 인물이었다. 당대 최고 지식인일 뿐 아니라 남부러울 것 없는 부자이기도 하고, 언행이 진실하여 불미스럽게 남의 입에 오르내릴 일 없었던 그가 지금 평생 해본 적이 없는 행동을 하고 있다. 존귀한 의원의 체통을 버리고 땀에 뒤범벅이 된 채로 언덕과 평지를 오가며 범죄자로 낙인 찍혀 죽은 젊은이의 시체를 거두고 있는 것이다. 동산 정원, 자신의 묘자리로 옮겨 그를 장사 지내고 묻어줄 생각이다. 경험 있는 정치가였던 그가 예루살렘의 온 이목이 자신에게 향해 있다는 것을 모를 리 없다. 돌발적인 행동이 그의 경력에 큰 해가 되리라는 것 또한 잘 알았을 것이다. 그러나 그는 아랑곳하지 않는다.

어느 누구 감히 젊은이의 편에 서려 하지 않았던 그 배반과 유기의 자리에 홀로 나서 기이한 일을 벌이고 있는 요셉을 어떻게 이해해야 할까. 복음서는 우리에게 어렴풋한 추측만을 허락한다. 마르코 복음서는 그가 하느님의 나라를 기다리는 자였다고 기록한다(15, 43-46). 루카는 그가 올바르고 덕망이 있는 사람이며, 예수를 처형하고자 결의할 때 의회의 결정과 행동에 찬동하지 않은 자라고 전한다(23, 50-53). 마태오와 요한은 여기서 더 나아가, 그가 예수의 '비밀 제자'였으나 유대인들을 두려워하여 자신이 제자라는 사실을 숨겼던 사람이라고 한다(마태 27, 57-60; 요한 19, 38-42).

수난 설화를 둘러싼 복음서의 정황들을 살펴보면, 요셉이 마음이 곧고 분별 있는 자였으며, 예수의 메시지에 관심이 있었다는 것은 확실한 것 같다. 하지만 마태오와 요한이 제시하는 '비밀 제자'설은 두 복음서 저자들의 추측과 바람에 따라 후에 미화된 내용일 가능성이 크다. 예수의 시체를 거두기 위해 요셉이 감행했던 대담한 행동을 본다면 그가 유대인들이 두려워서 스스로 제자임을 숨기고 있었다는 것은 어쩐지 좀 앞뒤가 맞지 않는다. 오히려 그는 예수에게 심정적으로는 동조했을지언정 정치적 이해관계는 없던, 혈연과 지연으로도 연결되지 않았던 낯선 사람이었다고 보는 것이 더 타당하다.

요셉은 예수가 선포하는 하느님 나라가 자신을 비롯한 부자들과 권력자들에게는 불편하지만, 거부할 수 없는 진리가 담긴 메시지라는 것을 알고 있었던 듯하다. 그러나 나이가 많은 데다 사회적 지위가 높았던 그는, 사람들의 눈을 피해 밤에 몰래 예수를 찾았던 젊은 니코데모와는 달리 적극적인 행동에 나서지는 않았다. 예수가 바른 소리를 하고 다니기는 하지만 어쩐지 좀 과격하다고 생각했을지도 모른다. 자신의 출신과 지위로부터 자유로울 수 없었던 그는 사회적 안정을 위해 유대인 주류의 생각을 대변해야 한다는 정치적 압박을 느끼고 있었을 터이다. 이렇게 그는 보수적인 인물이었지만, 양심의 소리를 들을 수 있는 자였다. 자신의 정파나 출신 배경을 빌미로 불의에 가담할 수는 없었기에, 무고한 예수를 처형시키자는 의견에 손을 들어주지 않았다. 중립과 침묵을 지키는 것이 자기가 할 수 있는 최선이라 생각했을 것이다.

그랬던 요셉이 중립과 침묵을 깨고 자신의 정체성을 뒤흔들 위험을 감수하기 시작한 시점은 아이러니하게도 예수를 둘러싼 모든 기대와 희망이 무너진 뒤이다. 예수가 영화롭게 되기를 간절히 원하다 그가 죽은 뒤 뿔뿔이 흩어진 제자들의 행보와는 다르다. 그 모든 풍문을 뒤로하고 십자가에 허망하게 매달려 죽은 예수를 바라보면서 요셉은 무슨 생각을 했던 걸까. 그 십자가에서 무엇을 보았길래 자신의 인생을 송두리째 뒤집어버릴 과감한 선택을 했던 걸까. 과연 정치인다운 대단한 혜안과 통찰력이 있어, 제자들도 믿지 못했던 예수의 부활을 예감하고, 그의 메시아적 위업을 기대하며 그와 한 편이 되어 누릴 훗날의 보상을 계산했던 걸까?

시체조차 거두어줄 이 없는 안타까운 젊은이의 죽음을 통해 요셉이 본 것은 어쩌면 그 죽음 이외엔 아무것도 없었을지 모른다. 그 황량한 죽음이 그가 본 전부였기에 그는 오히려 번개를 맞은 듯 자기 자신을 돌아보게 되었을지 모른다. 망자에 대한 한없는 연민. 그 연민의 끝에는 무고한 목숨이 죽어가는 것을 막지 못했던 스스로에 대한 수치심도 있었을 것이다. 그리고 그는, 망자를 위해 자신이 할 수 있는 마지막 일을 하기 위해 그날 골고다의 언덕을 오르내렸을 것이다. 그를 되살리지는 못할지라도, 이승에서 갖추지 못했던 예를 다해 그가 가는 길을 보살피고 싶었을 것이다. 다시 올 메시아의 영광의 길이 아니라, 무력하게 죽어간 한 청년의 쓸쓸한 마지막 길을 말이다.

요셉이 느꼈던 심경은 연민, 동정, 슬픔, 측은지심, 분노, 수치를 포함하지만 좀 더 복잡한 무엇이다. 고통을 매개로 요셉과 예수를 하나로 엮는 무엇, 감정에 머무르지 않고 행동으로 나아가게 하는 무엇. 우리말 번역으로 꼭 들어맞는 단어를 찾기 힘든 라틴어 단어 '콤파시오 compassio'가 요셉의 복잡한 심경을 표현할 적절한 단어일 것이다. 콤파시오의 의미를 단순하게 풀면 함께(com) 고통을 겪음(passio)이다. 그러나 성서와 고전의 용례를 살펴본다면 이 단어가 품고 있는 다양한 의미망들을 발견하게 된다. 신학자 웬디 팔리Wendy Farley는, 콤파시오(혹은 영어의 compassion)는 내적인 감정이 아니라 "타자의 고통이 내게 상처로 새겨질 때 우러나오는 힘"이라 설명한다.[*] 이 힘은 상대를 제압하여 우위를 점하는 예사로운 힘과는 다르다. 오히려 나를 타자의 입장에 놓

Wendy Farley, *Tragic Vision and Divine Compassion: A Contemporary Theodicy* (Louisville, KY: Westminster John Knox Press, 1990), p. 69.

신비와 함께 살기   113

고 타자의 눈으로 세상을 바라볼 때 솟아나는, '관계'에 기반한 힘이다.

이 독특한 '힘', 콤파시오를 구성하기 위한 몇 가지 조건이 있는데, 그 중에서도 중요한 것이 '앎'이다. 그러나, 객관적인 지식을 통해 얻는 지식이 아니라, 고통을 겪고 있는 타자의 입장에서 현상을 이해하는 '앎'이다. 함께 고통을 겪기 위해서는 고통을 정당화하려는 이들의 입장이 아니라, 고통받는 이들의 입장에서 현상을 보고, 듣고, 이해해야 한다. 이러한 '앎'은 현상을 새롭게 볼 수 있도록 도와주는 동시에, 이제껏 관련이 없는 줄만 알았던 나 자신과 그 현상의 관계 또한 발견할 수 있게 한다. 따라서 고통받는 이들을 단순히 불쌍히 여기는 감정을 넘어, 고통을 매개로 연결되어 있는 나와 그들을 함께 볼 수 있게 하며, 책임과 연대로 나아갈 수 있게 한다. 즉 콤파시오는 자신이 속해 있는 좁은 경지를 뛰어넘어 타자에게 나아가는 초월의 경험이며, 동시에 스스로를 더 깊게 이해할 수 있는 성찰의 경험이며, 너와 내가 따로 없이 하나되는 일치의 경험이기도 한 것이다. 초월과 성찰과 일치의 경험─바로 하느님께 다가가는 것이다. 요셉이 죽은 예수의 시체를 거두며 겪었던 것이 이것이었다. 그는 예수의 죽음 앞에서 깊은 슬픔을 경험하며 비로소 예수를 알고, 예수의 입장에서 세상을 보고, 그가 겪은 고통에서 자신도 자유로울 수 없다는 것을 깨닫고, 그의 시체를 거두며 그와 하나되었다.

사순 시기이다. 우리는 때때로 부활만을 바라보고 십자가 영광만을 기대하며 요셉이 겪었던 하느님 경험을 놓치고 있지는 않은가 질문한다. 예수가 겪은 수난의 길이 고스란히 현실의 고통으로 느껴지는 세상에 우리는 살고 있다. 우리가 바라봐야 할 것은 아직 부활의 영광이 아니다. 안타깝고 외로운 죽음들이다. 죽어서야 이름을 알리는 사람들이다. 우리는 아직 더 가슴 아파야 한다. 요셉처럼 깊은 부끄러움으로 통회하며, 망자들의 고통이 우리의 고통과 별개가 아님을 더 배우고 깨달아야 하며, 우리가 할 수 있는 가장 최선의 것들을 찾아 움직여야 한다.

인간이라는 모순적 존재를 위한 기도

〈의식성찰(Examen)〉이란 이름을 갖고 있는 사진의 동상은 젊은 예술가 제레미 라이크먼Jeremy Leichman과 조안 베네필Joan Benefiel의 2011년 작품으로, 미국의 예수회 소속 페어필드 대학Fairfield University의 머피 이냐시오 영성 센터Murphy Center for Ignatius Spirituality 앞에 세워져 있다. 실물 크기의 밝은색과 어두운색 두 이냐시오 성인이 거울을 보듯 마주 서 있는 형상이다. 굳게 다문 입, 걷어붙인 소매, 디디고 오르는 두 발의 자세, 두 동상 사이에 흐르는 묵직하고 섬세한 긴장, 이 모든 것이 성찰의 순간에 필요한 의식의 정동靜動을 잘 보여주고 있지만, 무엇보다 내 눈을 끄는 것은 팔의 모양새다. 언뜻 뒷짐을 진 것처럼 보이지만 자세히 보면 왼손이 힘주어 오른쪽 손목을 거머쥐고 있다. 마치 오른팔의 움직임을 제어하기라도 하듯 말이다. 이냐시오 성인이 왼손잡이였다는 기록은 본 적이 없으니, 그에게는 오른손이 익숙하고 빠른 손이었을 게다. 군인 출신이니 그 손은 무엇보다도 칼을 빼고 휘두르며 공격과 방어를 하도록 단련이 되어 있었을 게다. 그 중요한 손을 서툰 왼손이 붙잡고 있다. 의식적으로 스스로에 대한 공격과 방어를 포기하고 있는 것이다. 칼로건 말로건, 의식성찰은 나의 결함을 도려내고 변명하고 땜질하는 것이 아니라, 내 의식 안에 떠오르는 나를 인정하고 싶지 않더라도 받아들이며, 하느님께 용서와 자비를 구하는 것이라 말하는 듯하다.

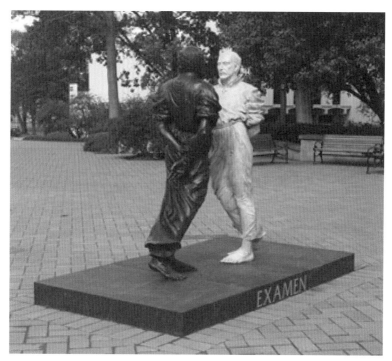

페어필드 대학의 〈의식성찰〉 동상

　밝은색과 어두운색 중 어느 것이 참이고 거짓인지, 옳고 그른지는 의미가 없는 질문이다. 하느님은 빛과 어두움을 동시에 창조하셨다. "빛을 낮이라 부르고 어둠을 밤이라 부르셨으니"(창세기 1, 5) 어둠 또한 창조 질서의 일부분이다. 빛과 어둠은 상보적인 것이며 어둠은 인간에게 반드시 필요하다. 한 치 앞도 볼 수 없는 어둠 속에서 우리는 스스로의 연약함을 깨닫는다. 어두운 밤을 지날 때 우리는 우리가 세상의 주인이 아님을 알게 되고 이끄시는 이의 손길을 찾는다. 십자가의 성요한이 노래했듯, "나를 가장 아는 그분께서 날 기다리시는 그곳으로, 아무도 보이지 않는 그쪽으로" 밤을 길잡이 삼아 걸어간다.

인간은 빛과 어둠에 모두 노출되어 있기에 누구에게나 그림자가 있다. 그림자는 인간의 불완전한 실존을 드러내는 표상이다. 스스로의 내면을 오래 들여다보면 누구든 결핍투성이의 비합리적이고 탐욕스럽고 이기적이고 잔인한 자신의 그림자를 보게 마련이다. 그 그림자를 마주하는 경험은 당황스럽고 수치스럽고 끔찍하다. 그러나 그 경험은 또한 한없이 부족한 인간의 한계를 자각하고 무한하신 하느님께 나아가는 회개와 구원의 계기가 되기도 한다. 그림자를 마주 보지 않을 때 오히려 문제가 발생한다. 무시하거나 덮어두거나 피하려 하면 그림자는 우리를 덮치고 우리의 의지를 빼앗는다. 즉 죄성에 제압되고 마는 것이다.

인간의 죄는 다 이해할 수도, 근원을 파헤쳐 제거할 수도 없는 신비의 영역이다. 죄를 표현하는 성서의 단어는 신약 성서만 보더라도 각양각색이다. 무지($\dot{\alpha}\gamma\nu\acute{o}\eta\mu\alpha$), 교만($\ddot{\upsilon}\beta\rho\iota\varsigma$), 불복종($\pi\alpha\rho\alpha\kappa o\acute{\eta}$), 넘어짐($\pi\alpha\rho\acute{\alpha}\pi\tau\omega\mu\alpha$), 율법을 어김($\dot{\alpha}\nu o\mu\tau\alpha$), 경계를 범함($\pi\alpha\rho\acute{\alpha}\beta\alpha\sigma\iota\varsigma$), 조화를 깨뜨림($\pi\lambda\eta\mu\mu\acute{\epsilon}\lambda\epsilon\iota\alpha$) 등 죄는 다양한 얼굴과 신축성을 갖고 인간이 저지르는 잘못된 선택들과 얽혀 파괴적인 힘을 드러낸다. 어느 누구도 죄로부터, 자신의 그림자로부터 자유로울 수 없다. 정의롭고 존경받는 삶을 살더라도 순식간에 균형을 잃어 비참한 죄의 포로가 되고 마는 나약한 존재가 인간이다. 그러나 나약함을 자각하고 인정하는 순간 하느님에 대한 갈망과 그리움이 시작된다. 그러므로 인간이 죄인이라는 그리스도교의 고백은 하느님의 심판과 저주로 연결되는 것이 아니라, 역설적으로 인간에 대한 희망과 긍정으로 이어진다. 그래서 죄는 더더욱 신비다.

의식성찰은 이러한 인간의 양면성, 그림자와 희망을 가식 없이 받아들이는 기도다. 의식성찰은 모든 기도가 그렇듯 타인을 변화시키는 것이 아니라 스스로를 변화시키는 것이다. 자신의 그림자를 인정하고 용서를 구한다 하여 그 그림자가 마술처럼 제거되는 것도 아니고, 잘못을 저지르지 않았던 상태로 돌아가는 것도 아니다. 다만 알 뿐이다. 자신이 부족한 존재라는 것을 알고 받아들이며 또 다른 유혹이 닥쳐올 때 조심하여 조금씩 왜곡된 습성을 줄여갈 수 있을 뿐이다. 밝고 또 어두운 이냐시오 성인이 서로에 대한, 아니 스스로에 대한 공격과 방어를 자제하며 다만 자신의 눈을 들여다보고 있듯 말이다.

인간은 스스로도, 타인도 구원할 수 없다. 그러므로 그림자에 걸려 넘어지는 이웃을 볼 때 우리가 그를 위해 할 수 있는 최선의 기도는 그가 자신의 그림자를 자각하고 받아들이며 하느님께 나아가도록 빌어주는 것이다. 넘어진 이웃을 보는 것은 힘든 일이다. 아끼고 신뢰하던 사람이 불현듯 추한 그림자를 드러낼 때, 우리는 상처받고 실망한다. 그와 공유하던 소중한 신념과 가치가 함께 무너지는 듯하여, 우리는 마치 스스로의 그림자를 거부하듯 그의 그림자도 거부하고 아름다운 것만 기억하고 싶어 한다. 그러는 사이 그림자는 덩치가 커져 사방팔방으로 칼을 겨누고 폭력을 휘두른다. 그렇게 우리는 그를 위한, 또 우리들 자신을 위한 회개의 기회를 놓치고 만다.

박원순 서울시장의 황망한 죽음과 뜻밖의 행적으로 나 또한 혼란스러운 시간을 지나고 있다. 또다시 시작된 진영 갈등으로 더 마음 아프다. 이미 너무나 많이 쏟아져 나온 말들에 또 말을 보태는 것이 조심스럽지만, 나는 고인을 애도하는 것이 고인에게 면죄부를 주거나 성폭력 피해자를 비난하는 것은 아니라고 생각한다. 또 피해자의 입장에 서서 말하고 행동하는 것이 고인이 남긴 유산을 폄훼하는 것으로 이해되어도 곤란하다. 외롭고 두려울 피해자와의 연대도, 고인에게 삶을 빚진 이들의 애도도, 내 생각에는 둘 다 존중되어야 할 일이며, 동시에 이루어질 수 있을 것 같다. 인간이 모순적인 존재라는 것을 인정한다면, 오히려 함께 이루어지는 것이 자연스러울 것 같다. 권력을 무기로 삼은 성폭력은, 성평등 정책과 성인지 감수성을 일관되게 주장해온 고인조차 무너뜨릴 정도로 괴력을 가진 우리 사회의 추한 그림자다. 그의 영혼이 왜곡된 습성을 버리고 스스로 원했던 바른 길을 찾도록 나는 기도한다. 또 진실을 밝히고 이 일을 계기 삼아 권력기관에서 일어나는 일상화된 성폭력의 방지를 위해 논의하고 대책을 마련하는 것으로 고인이 지켜온 신념과 가치를 존중할 수 있었으면 한다.

내가 짓지 않았으나 짊어진 죄

20대 초반의 학생들, 특히 그리스도교에 대한 지식과 신앙이 없는 학생들에게 신학을 가르치는 일은 마치 외국어를 번역하는 일과 같다. 수십 년 차이도 아득한데 멀게는 수천 년 전 전혀 다른 문화권에서 살았던 사람들의 신화적 상상력과 삶의 경험이 응축된 신학을, 21세기 과학기술 문명과 정보화 사회의 생활 방식과 경험에 닿을 수 있는 언어로 설명한다는 것은 사실 불가능에 가까운 일이지만, 이를 가능케 하는 것은 신학이 담보하고 있는 실존적 경험의 깊이다. 얼핏 건조하고 엄격한 신학 언어의 표피 아래 녹아 있는 절망과 희망, 욕망과 증오, 두려움과 떨림, 외로움과 열망, 죄의식과 용서, 이런 원초적인 인간 경험의 서사는 시공간을 관통하며 학생들의 경험과 조율되어 그들의 삶에 신선한 파장을 불러오곤 한다. 그러므로 신학 교육은 교리로 화석화한 개념 안쪽의 역사적 배경과 사목적 고민들을 길어 올려 오늘 우리의 삶과 조율하는 작업이 늘 동반되어야 한다.

수많은 신학 개념들 가운데, 학생들이 예외 없이 난감함과 거부감을 표현하는 것 중 하나가 원죄에 관한 교리다. 하긴, 학생들뿐 아니라 신앙생활을 처음 시작하는 신자들에게도 원죄론은 이해하기 힘든 교리다. 우선 교리서에 나온 원죄를 살펴보자. "아담과 하와가 유혹자에게 굴복함으로써 지은 죄는 개인의 죄이지만, 그 죄가 타락한 상태로 전달될 인간 본성에 영향을 미쳤다. 이 죄는 인간 번식을 통하여 [···] 모든 인류에게 전해질 것이다. [···] 원죄는 '범한' 죄가 아니라 '짊어진' 죄이며 행위가 아니라 상태이다."(404항) 스스로 저지르지 않은 죄를 갖고 태어난다는 소리도 듣기 거북한데, 성관계와 출산으로 그 죄를 후대에 대물림한다는 가르침에 누가 쉽게 공감을 하겠는가.

성 아우구스티누스가 고안한 원죄론은 서방교회에서 보편적이고도 핵심적인 가르침으로 받아들여지지만, 원죄란 단어 자체는 사실 성서에 등장하지도 않고, 서방교회와 달리 그리스 교부의 영향 아래서 발전한 동방교회에는 낯선 개념이다. 서방교회 원죄교리의 기반이 된 성서 구절은 창세기 3장이 아니라, 바오로 사도의 서간, 그중에서도 로마서 5장 12절, "한 사람이 죄를 지어 이 세상에 죄가 들어왔고 죄는 또한 죽음을 불러들인 것같이 모든 사람이 죄를 지어 죽음이 온 인류에게 미치게 되었습니다"이다. 문제가 된 구절은 그리스어로 쓰인 "모든 사람이 죄를 지어($\dot{\epsilon}\varphi'$ $\ddot{\omega}$ $\pi\acute{\alpha}\nu\tau\epsilon\varsigma$ $\ddot{\eta}\mu\alpha\rho\tau o\nu$)"인데, 그리스어에 능통했던 동방교회의 교부들이 이 구절을 "모든 사람이 아담과 마찬가지로 죄를 지었기 때문에 죄가 온 인류에게 미치게 되었다"고 해석했던 반면, 라틴어 번역 성서에 의존했던 아우구스티누스는 "아담 안에서 모두가 죄를 지었다(in quo omnes peccaverunt)"로 해석했다. 수사학자로서 비유에 강했던 그는 아담이 하느님의 명을 거역할 때 모든 인류가 아담 안에서 죄를 지은 것처럼 제유적인 상상을 펼쳤던 것이다.*

오역에 기반한 아우구스티누스의 원죄론은 계몽주의 시대를 거쳐 오늘날에 이르기까지 숱한 비판을 받아왔다. 특히 죄의 유전을 성관계와 출산으로 연결한 그의 논리는 인간의 성(sexuality)에 대한 교회의 편협하고 빈약한 이해와 성차별적이고 왜곡된 시각에 기여했다는 점에서 재고되어야 할 여지가 분명히 있다. 그러나, 번역이 잘못되었다는 것을 알면서도 교회가 원죄교리를 고수하는 까닭은 이 교리가 성서와 교회 전통의 전체적인 맥락에서 볼 때 일관성을 거스르지 않고, 실수에서 비롯되었지만 하느님과 인간, 인간과 인간 관계의 조건과 성격을 잘 드러내고 있기 때문이다.

교회가 주목하는 것은 원죄로 귀착한 아담의 죄가 보여주는 죄의 보편성과 죄 속에서 경험하는 인간의 연대다. 아우구스티누스는 이 죄의 본질을 교만, 즉 하느님을 인정하지 않고 스스로 주인으로 행세하고 군림하려는 욕망으로 설명하는데, 현대의 신학자들은 교만이 보편적인 인간의 죄성을 설명하기에는 부족하다 판단하고 좀 더 다양하고 섬세한 시각으로 죄의 본질을 바라본다. 그중에서도 전통과 현대신학적 비판을 아우르는 균형 잡힌 시각으로 죄론에 접근하는 미국의 신학자 캐트린 태너Kathryn Tanner의 설명에 울림에 있다. 태너는 죄를 "인간과 끊임없이 소통하고 대화하고 싶어 하시는 하느님의 의도와 희망을 거부하는 인간의 고의적인 실패"라고 설명한다.** 하느님은 당신의 본성인 사랑을

---

*   김진혁, 『질문하는 신학』(복있는 사람, 2019), 449-470쪽 참고.

**   Kathryn E. Tanner, "Human Freedom, Human Sin, and God the Creator", *The God Who Acts: Philosophical and Theological Exploration*, Thomas F. Tracy ed. (University Part, PA: The Pennsylvania State University Press, 1994), p. 111-136.

지침 없이 내어주며 인간에게 다가오시는데, 인간은 하느님을 닮아 창조된 자신의 본성, 인간됨을 거부하고, 눈을 가리고 부정하며 고립과 불행을 자처한다는 것이다.

한 인간의 죄, 한 인간의 잘못된 선택은 자기 자신에게만 해를 끼치는 것이 아니라 그가 살고 있는 공동체와 사회를 위협한다. 인간됨을 거부하는 개인의 지극히 사소한 몸짓이 복잡한 사회 관계망 속으로 들어올 때 어떤 파괴적인 결과를 가져오는지 팬데믹을 끼고 사는 요즘의 사회는 너무도 확연하게 보여주고 있다. 다만 몇 사람의 비뚤어진 시각과 선택이 정치적 욕망, 종교적 행위와 결합할 때 어떻게 모든 사람이 짊어져야 할 책임으로 확대되는지, 또 그의 도발을 무시하거나 간과할 때 모두가 어떻게 '죄의 값'을 치르게 되는지 말이다. 이 촘촘한 삶의 그물 속에서는 어느 누구도 죄에서 자유롭거나 안전할 수 없다.

함민복 시인이 말한 것처럼, "할 일과 하지 않아야 할 일 구분하며 살수 있게" 말로만 죄를 느끼지 말아야 할 일이다. "건성으로 느껴 죄의 날 무뎌질 때 삶은 흔들린다."(함민복, 「죄」에서)*

---

*   김진혁, 『질문하는 신학』 재인용.

'가난의 영성'이란 무엇일까

"마음이 가난한 사람은 행복하다." 마태오 복음 산상수훈에 등장하는 예수의 첫 번째 행복선언이다(마태 5, 3). 이 구절은 고개를 갸웃거리게 한다. 어쨌든 풍요로운 것은 가난한 것보다 좋다. 그러니 몸은 가난해도 마음은 부자여야 하는 것 아닌가? 마음의 풍요는 돈보다 값진 것 아닌가? 그런데 예수는 마음 또한 가난해야 한다고 말하고 있는 것이다.

'마음이 가난한 사람'은 그리스어 'οἱ πτωχοὶ τῷ πνεύματι'의 번역이다. 여기서 'πτωχοί'는 구걸을 해야 살 수 있을 정도로 극심한 가난을 말한다. 'πνεύματι'는 히브리어 'רוח'에서 온 단어인데, '하느님의 숨', '성령', '심령', '인간의 영'에 이르기까지 다양하게 번역할 수 있다. 우리는 가난을 인간 내면의 가난으로 이해하여 '영으로 가난한 사람'은 곧 '겸손한 사람'이라 해석하는 전통에 익숙하다. 겸손은 결국 욕심을 버리고 자신의 모습을 있는 그대로 받아들이는 것을 의미하니 이 또한 좋은 해석이지만, 어쩐지 예수가 말한 구걸해야 할 정도로 절박한 가난의 의미를 담지는 못하는 것 같다. 나는 '영으로 가난한 사람들'이란 '영, 즉 하느님의 숨과 기운을 늘 구걸하는 사람들'이라 해석하고 싶다. 이렇게 하면 '영적인 가난'으로 가난이 추상이 되지 않고 가난한 사람들의 곤고한 마음이나 절박한 심리적 상태가 좀 더 부각된다.

그렇다면 가난한 사람들의 마음은 어떤 것일까? 성서에서 이야기하는 것은 자발적 가난이지, 강요된 가난이 아니라고, 강요된 가난은 없어져야 할 것이라고 한다. 물론 맞는 말이지만, 그렇다면 또 질문이 생긴다. 가난의 영성은 부자들만 추구해야 하고, 실제 가난한 사람들은 배부르게 될 날들을 오매불망 바라며 살아도 좋다는 말일까? 아니면 다 같이 가난해져야 한다는 말일까?

말이 가난이지, 가난은 결코 낭만적이지 않다. 밥을 먹고 잠을 자는 기초 생활을 유지할 수 없어 방문을 청테이프로 막고 번개탄을 태운 채세 모녀가 자살해야 하는 삶은 바람직하지도, 아름답지도 않다. 또 가난하고 약한 자들이라 해서 그들의 모든 행위에 정당성을 부여할 수도 없다. 생명은 어느 것이나 아름답지만, 생존을 위한 몸부림은 때로 그악스럽기도 하다. 생존을 위해 우리는 인격을 팔아먹기도 하고, 다른 이들에게 해를 끼치기도 한다. 부자들만 돈의 힘에 미혹되어 스스로를 파멸시키는 것이 아니다. 가난한 이들 또 잘살고 싶은 욕망과 근심, 불만으로부터 자유로울 수 없다.

그러나, 우리의 몸과 마음을 처참하게 망가뜨리는 이 가난이란 놈이 좋을 것 하나 없어도 우리에게 가르쳐주는 것이 하나 있다. 인간은 결코 혼자서 살 수 없다는 것이다. 가난한 사람들은 누군가의 어깨에 기대지 않으면 무한경쟁의 시대에 목숨을 부지하기 힘든 사람들이다. 배가 고프고 외로워 죽겠으니 당신이 도와주지 않으면 나는 살 수 없다고 두 손을 드는 이들, 수치스러움을 무릅쓰고 내 존재의 전부를 이웃에게 의탁할 수밖에 없는 이들, 함께 어깨를 걸지 않으면, 머리를 맞대고 힘을 모으지 않으면 한 줌의 부자들에게 당해낼 재간이 없는 약하고 보잘것

없는 이들이다.

영으로 가난한 사람들도 마찬가지이다. 그들은 하느님의 숨에 굶주린 이들이기에, 하느님 없이 혼자 숨을 쉴 수 없다는 것을 안다. 하느님의 숨에 따라 산다는 것은 선한 의미를 찾아 산다는 것이니, 그들은 "옳은 일에 주리고 목마른 사람들"(마태 5, 6)이기도 하다. 영으로 가난한 이들은 하느님과 이웃의 도움이 없으면 자신의 허기와 갈증을 달랠 수 없다고 믿는 이들이기에, 도움을 청하는 것을 부끄러워하지 않는다. 남들 앞에서 의로움을 자랑하거나 판단하고 정죄하는 것은 배부른 이들이나 할 수 있는 행동이다. 혼자서 모든 것을 할 수 있다고 고집 피우며 도움의 손길을 거부하는 것도 자아가 팽팽하게 부풀어 있을 때나 가능하다. 자신의 가장 초라한 밑바닥까지 보이며 도움의 손길을 구하는 그 간절한 바람을 부자들은 알 수 없다. 그들은 이미 받을 위로를 다 받았다(루카 6, 24).

그러므로 가난의 영성은 연대하고 소통하는 영성이다. 가난의 영성으로 사는 이들의 시선은 가난한 이웃들의 몸과 마음으로 흐른다. 그래야만 다 같이 살 수 있다는 것을 알기 때문이다. 가난한 이들은 낮고 추운 곳에서 한몸, 한마음으로 얽힌다. 예수는 이런 가난한 사람들이 행복하다고, 하느님 나라가 저희 것이라고 축복했다(루카 6, 20).

그러나 가난한 이들이 늘 연대하는 것은 아니다. 혼자 부자가 되고 싶은 욕망이 끈질기게 우리를 유혹한다. 그러기에 가난한 사람들은 함께 기도할 수 있는 이웃을 찾아야 한다. 하느님의 존재 안에서 이웃의 이야기에 귀를 기울이면 그늘 속에 있는 하느님과 내 속에 있는 하느님을 본다. 내 삶과 내 이야기와 내가 가진 것들을 이웃과 나누는 기쁨을 알게 된다. 남을 밀어제치고 나만 살아남도록 부추기는 신자유주의의 질서에 길들여져 있는 우리들에게 이런 마음의 변화는 바오로 사도의 회심만큼이나 큰 기적이다. 하느님이 하시는 일이다.

하느님은 자판기가 아니다

폴란드 작곡가 헨리크 고레츠키Henryk Gorecki(1933-)의 교향곡 3번은 〈슬픈 노래들의 교향곡(The Symphony of Sorrowful Songs)〉이라고 불린다. 고레츠키가 아우슈비츠에서 희생당한 동포들을 위로하기 위해 작곡한 진혼곡이다. 총 3악장으로 구성되어 있는데, 제1악장의 소프라노 가사는 폴란드 성십자가 수도원의 애가(Lamentation)를 바탕으로 하고 있다. "내가 택한 사랑하는 아들아, 너의 상처를 너의 엄마에게 나누어주렴……." 고통스럽게 죽어가는 아들을 바라보는 어머니 마리아의 독백이다. 제2악장은 폴란드 자코파네Zakopane 게슈타포 본부 지하실 벽의 낙서에 곡을 붙였다. "헬레나 반다 블라추지아코브나"라고 서명을 남긴 열여덟 살 소녀가 감옥 밖에서 자신을 애타게 찾고 있을 어머니를 위해 남긴 글이다. "울지 마세요 엄마, 울지 마세요. 가장 순결하고 귀한 천상의 여왕께서 우리를 지켜주실 거예요." 이어지는 3악장은 폴란드 오폴레 지역의 민요이다. 전쟁에 나간 아들이 돌아와 쉴 따뜻한 침대를 마련했건만 결국 아들의 시신조차 거두지 못한 가련한 어머니가 울부짖는다. "세상 모든 이에게 물어보아도 내 아들 묻힌 곳을 알 수 없네. 불쌍한 내 아가 차갑고 험한 도랑에 누워 있지는 않으려나……. 너 하느님의 작은 꽃들이여, 내 아들 묻힌 곳에 고운 꽃을 피워주렴. 내 아가 행복하게 잠들 수 있도록."

잔인하도록 슬픈 노래다. 단장斷腸, 창자가 끊어질 정도의 슬픔이란 이런 슬픔을 일컫는 말일까? 신학개론 시간에 욥기를 읽으면서 나는 학생들과 이 노래를 함께 듣곤 한다. 그리고 학생들에게 질문을 던진다. '이 어머니들과 딸이 울부짖을 때 하느님은 대체 어디에 계셨던 걸까? 무엇을 하고 계셨던 걸까? 하느님이 전지전능하고 자비로우시다면, 어떻게 아들의 처절한 죽음을 무력하게 바라봐야 하는 어미를, 언제 죽을지 모를 게슈타포의 감옥에서 어머니를 애타게 찾는 딸을, 아들의 시체조차 안아보지 못한 불쌍한 늙은 어미를 두고 보고만 계셨던 걸까?'

　이제 갓 스물을 넘긴 학생들과 함께 욥기를 이야기하는 것은 쉽지 않은 일이다. 교양필수로 신학 수업을 듣는 우리 학생들에게 욥기란 여러모로 생소한 책이다. 성서 자체를 처음 읽어보는 학생들도 있지만, 주일학교를 열심히 다녀 나름 성서에 대해 잘 알고 있다고 하는 학생들도 욥기는 읽어본 적이 없다고 한다. 그 이유는 아마도 욥기에 등장하는 하느님의 모습이 우리가 기대하는 하느님의 모습을 배반하고 있기 때문일 것이다. 욥기의 하느님은 평생 남에게 상처 준 일 없고, 누구보다 신앙생활을 열심히 하며, 게다가 불쌍한 이웃을 돕는 데도 열심이었던 선하고 의로운 사람 욥을 가차 없이 내치고 혹독한 고통을 겪게 하는 하느님이다. 도대체 왜, 하고 묻지만 아무도 하느님의 속마음을 모른다. 욥의 고통을 해석하고 싶어 했던 세 친구들은 그 이유를 따진다. '아마도 자네가 과거에 뭘 잘못했겠지. 하느님이 아무 이유 없이 자네를 벌하실 리 없어.' 그러나 욥은 아무리 생각해도 이리 혹독한 죗값을 치러야 할 정도로 끔찍한 일을 저지른 것 같지 않다. 책의 말미, 욥과 친구들의 길고

긴 논쟁 끝에 하느님이 응답을 하는데 그 응답도 도움이 되지 않는다. 하느님은 위로도 아니고 항변도 아니고 어느 누구를 편들어주시는 것도 아니고, 그저 당신의 위대함과 웅장함에 대해 말씀하실 뿐이다.

욥기의 하느님은 젊은 세대뿐 아니라 모든 신앙인들을 불편하게 한다. 마음 한구석, 우리는 신앙이 어떤 방식이건 삶에 이득이 되길 바란다. 우리에게 익숙한 하느님은 늘 내 편이 되어주시는, 선하고 착실한 이들에게 세상이 부러워할 복을 주시는, 일할 때나 공부할 때나 사랑할 때나 우리 삶에 늘 개입하시며 바른 길로 인도하시는, 열심히 기도하면 무슨 일이든 척척 들어주시는 만능 자판기 같은 하느님이다. 그러나 우리 모두는 알고 있다. 삶은 고통에서 자유롭지 못하고 가혹한 시련은 결코 선한 이와 악한 이를 구별하여 덮치지 않는다는 것을. 세상은 오히려 자기 욕심 챙길 줄 모르고 살아온 착하고 여린 이들에게 더 가혹한 것 같아 보인다.

감당하기 힘든 고통을 겪을 때 우리는 이런 말들을 되뇌곤 한다―'내가 무슨 잘못을 저질렀겠지. 믿음이 부족해서일 거야. 뉘우치고 회개하라는 하느님의 뜻이야.' '지금은 힘들어도 착하게 살면 언젠가는 하느님이 모른 척하시지 않겠지.' '이 고통은 내게 주시는 연단이며 훈련일 뿐이야. 하느님은 결코 이기지 못할 고통을 허락하시지 않아.' 혹은 '하느님은 천국에 내 자리를 마련하고 계실 거야. 나 죽어 하느님 곁에 가면 모든 고통을 하늘에서 다 갚아주실 거야.' 전지전능하시고 자비로우신 하느님과 착한 사람들에게 찾아오는 불합리한 시련 사이의 이율배반을 이해해보기 위해 고안해낸 대응 방식들이다. 나 스스로의 고통을 이겨보기 위해, 혹은 내 이웃들의 고통을 위로하기 위해 수없이 되뇌어온 말들이다. 그러나 사실 이런 말들은 고통의 한가운데 있는 이들에게 큰 위로가 되지 않는다. 하느님을 원망하고 싶은 것이 솔직한 우리의 모습이다. 우리는 묻고 싶다. 하느님, 왜 하필 제가 이런 고통을 겪어야 합니까? 저의 믿음을 위한 연단이라면, 왜 저 때문에 제가 사랑하는 사람들까지 고통을 받아야 하는 겁니까? 도대체 얼마나 큰 가르침을 주시기 위해 하느님은 지금 제 행복을 다 빼앗아 가시며, 도대체 얼마나 긴 세월이 지난 후에 그 아픔을 씻어주시려는 겁니까? 죽어서 누릴 행복 때문에 지금 제가 누릴 수 있는 모든 행복을 포기해야 합니까?

『선한 이들에게 불행한 일들이 닥칠 때』라는 책을 쓴 미국의 랍비 해롤드 쿠쉬너Harold Kushner는 유전병을 갖고 태어나 고통스럽게 살던 아들 아아론을 열네 살 어린 나이에 결국 떠나보내야 했다. 쿠쉬너의 글들은 자신과 같이 '불합리'한 고통에 신음하는 세상의 모든 이들에게 띄우는 자전적 고백이다. 아들을 잃은 부모이자 신앙 공동체의 식구들과 삶을 나누는 랍비로 살아온 자신의 경험을 바탕으로 쿠쉬너는 말한다. 아마도 하느님은 우리가 기대하는 것처럼 '전능'하지 않으실지 모른다고. 재해와 몹쓸 병과 불의의 사고들은 그저 자연 현상, 물리적 현상일 뿐, 하느님의 인격과 능력과는 아무 상관이 없다고. 전쟁과 살인과 폭력은 인간이 저지르는 악행일 뿐, 일찍이 우리에게 자유의지를 허락하신 하느님은 우리가 기대하는 것처럼 모든 것을 당신의 완벽한 계산에 두고, 우리가 올리는 기도의 횟수와 열심의 정도를 따지며 이쪽저쪽 저울질하여 세상의 일들을 통제하고 조율하지 않으신다고.

쿠쉬너의 말처럼, 불행은 인격과 자유의지가 없으며, 나에게 또 선한 내 가족과 이웃들에게 언제든 닥칠 수 있다. 우리에게 닥치는 불행은 우리가 저질렀을지 모를 과거의 죄와 아무 상관이 없으며, 우리 믿음의 깊이와도 상관이 없다. 어쩌면 의로운 이들이 늘 승리하지 않을 수도 있고, 어쩌면 악인들보다 더 처절한 패배와 슬픔을 감당할 수도 있다는 것을 우리는 인정해야 한다.

그렇다면 고통의 한가운데서 하느님은 과연 어디에 계시고, 무엇을 하고 계시는 걸까? 그저 손을 놓고 바라보고 계시는 걸까? 믿는 이들이 바라고 의지하는 대로 세상이 움직이지 않는다면, 믿음이 무슨 소용이 있으며, 왜 우리는 여전히 하느님을 향한 사랑과 믿음을 고백하는 것이며, 도대체 하느님의 능력과 힘은 누구를, 무엇을 위한 것일까?

쿠쉬너는 말한다. 그럼에도 불구하고 하느님은 한 번도 선한 이들을 저버리시는 적이 없고, 그들을 위한 놀라운 기적을 언제나 예비하시고 계신다고. 다만 우리는 그분이 일하시는 방식과, 그분의 힘이 우리에게 전달되는 방식을 이해하지 못하고 있을 뿐이다. 쿠쉬너가 말하는 하느님의 기적은 바다가 두 갈래로 갈리거나, 물 위를 걷거나, 불치병에 걸린 사람이 어느 날 갑자기 일어나거나 하는 기적이 아니다. 세상의 잣대로 보아 놀랍고 부러워할 만한 능력은 하느님의 능력이 아니다. 하느님의 기적은 어쩌면 느리고 조용하고 감지하기 힘들게 펼쳐진다. 하느님의 기적은 인간을 통해 표현되고 전달되기 때문이다. 인간이 곧 하느님의 언어다. 무력과 권력으로 어찌할 수 없는 사람 마음의 변화, 생명을 향한 동경과 그리움, 그리하여 사람이 사람을 서로 의지하며 생명을 바라게 하는 힘이 바로 하느님의 기적이다.

　가혹하고 처절한 절망 속에서 문득 다시 일어날 뜨거운 희망을 발견하게 하는 것, 그것이 하느님의 힘이다. 세상이 다 회색으로 변하고 생기라고는 감지할 수 없는 깊고 깊은 우울증에 시달리다 어느 날 갑자기 사람의 온기가 그리워지며 살고 싶다는 열망이 생기면, 하느님이 당신의 마음을 어루만지고 계시다는 신호다. 외롭게 지하철 투쟁을 이어가는 장애인들의 몸부림에서 인간의 존엄을 본다면, 일 년에 하루 광장에 나선 성소수자들의 사랑에 대한 염원이 내게 간절한 사랑과 다르지 않다는 것을 깨닫는다면, 내 삶도 위태롭지만 청년실업자, 해고노동자들의 불안한 삶이 나와 연결되어 있다는 것을 느낀다면, 망가져가고 있는 지구, 죽어가는 작은 생명의 신음을 들을 수 있다면, 하느님이 우리의 마음을 움직이고 계시다는 신호다. 생명의 길을 포기하지 않는 것, 그것이 바로 하느님의 기적이며 그런 하느님을 저버리지 않는 것이 믿음이다.

복음, 소외된 이들을 위한 말과 밥

몇 년 전 미국 시카고에 살던 때, 노숙인 재활센터 두 곳에서 각기 한 학기 일정으로 신학과 영성 워크샵을 진행했다. 내게는 그 시간들이 신학자로서 무엇을 질문해야 하고, 어떻게 접근해야 하며, 어떤 언어를 사용해야 하는지 고민하게 한 소중한 경험이 되었다. 그리스도의 복음은 추상적인 진리가 아니라 삶에—특히 가난한 이들의 삶에—뿌리를 대는 기쁜 소식이다. 그 소식을 감싸는 언어도 가난한 이들의 삶에서 길어 올려져야 하며 그 삶으로 돌아가야 한다는 것을, 이전에 그저 머리로 알았을 뿐인 그 진리를, 나는 그때 마음으로 알게 되었다.

노숙인들과 만나던 첫날, 나는 대학에서 학생들을 가르칠 때 사용했던 내용을 쉽게 정리해 '강의'를 준비해 갔다. 당황했다. 내가 사용하는 개념어들은 그들에게 그저 뜬구름 잡는 소리였고, 누구나 알고 있는 줄 알았기에 질문조차 던지지 않았던 교회 용어들은 그들의 삶과 괴리된 껍데기에 불과했다. 의미소를 이루는 단어가 생경한데 내용이 아무리 의미 있다 한들 전달될 리 만무했다. 두 번째 시간부터는 가르치고 정보를 전달하려 했던 내 욕심을 접고, 우선 그들의 이야기를 들어보기로 했다. 맥락 있는 진행을 위해 나름 고안해낸 방식이 일상어로 쉽게 쓰여진 시를 화두로 삼아 함께 나눈 후, 시가 떠올린 자신의 이야기를 각자 종이에 적어 나누어보노록 하는 것이었다. 반신반의하며 시험 삼아 던

저보았던 이 시도가 괜찮았던 모양이다. 들어주는 이 아무도 없어 고함이나 욕지기로만 터져 나오곤 했던 그들의 이야기가 말이 되어, 그림이 되어, 시가 되어 흘러나오기 시작했다. 자신의 종이에 적은 글들을 나누고 싶어 수줍게 손을 드는 이들이 하나둘 늘어나는 것을 지켜보던 날들의 흥분과 감동을 나는 잊을 수 없다.

'존재의 집'인 언어는 사람의 삶으로 빚어진다. 가난한 이들을 위한 교회가 되기 위해서는 가난한 이들과 만나야 하고, 삶을 나누어야 하고, 그들의 언어를 통해 하느님 나라를 상상할 수 있어야 한다. 예수는 당신의 강론에 가난한 이들의 일상이 담긴 비유를 사용했다. 그들의 마음에 당장 그림이 그려지고 손과 발의 감각이 떠올려지는 언어를 사용해 하느님 나라 이야기를 풀어낸 것이다. 그 자리에서 즉흥적으로 떠오른 표현들이 아니었을 것이다. 오랜 시간 사람들과 대화를 나누고 일상을 함께하고 몸으로 경험하여 만들어낸 비유들이었을 것이다. 밭의 겨자풀과 부엌의 누룩 빵에서 하느님 나라를 발견했던 예수는 마치 시인이 소박한 일상에서 신박한 비유를 건져낸 것처럼 설레고 기뻐하며 사람들에게 이야기로 풀어낼 시간을 기다리지 않았을까. 눈에 보이지 않을 정도로 작은 겨자씨를 밭에 심으면 잡초처럼 쑥쑥 자라 다른 식물을 덮을 정도로 무성해진다는 것을 알았던 가난한 이들의 마음에는, 그이가 하느님 나라를 겨자씨에 비유했을 때 겨자나무처럼 거침없이 하느님 나라가 그려졌을 것이다. 한 끼 한 끼가 소중했기에 아주 작은 양의 누룩으로 식구들이 함께 나눌 넉넉하고 부드럽고 달콤한 떡을 만들어내는 기쁨을 알았던 그들의 혀끝에는, 그이가 하느님 나라를 누룩에 비유했을 때 하느님 나라가 떡의 향기처럼 퍼졌을 것이다. 예수의 강론은 가난한 이들의 삶을 담았기에 삶의 복음으로 선포될 수 있었다. 함께한다는 것은 언어를, 또 그 언어가 그려내는 비전과 상상력을 공유하는 것이다. 그렇게 함께 말하고 나누고 꿈꾸며, 함께 하느님 나라를 만들어가는 것이다.

천주교가 어렵다고 하는 분들 중에 교회에서 사용하는 언어에 적응하기 힘들다는 분들을 많이 보았다. 경륜이 오랜 신자들만 알아들을 수 있는 낯선 단어들이 아직도 교회의 공식·비공식의 용어로 사용되는 예가 많다. 교리는 더더욱 그렇다. 오랜 신자들조차 이해하기 힘든 교리들이 기계적인 언어로 전달되는 교리 교육은 어렵고 지루하다. 달달 외운다 한들 생활에 뿌리내리지 못한다. 코로나19 때문에 본당의 활동이 축소되고 미사마저 제한되는 요즘, 교회의 미래에 대한 우려의 목소리들이 많이 나오고 있다. 전망과 예측이 분분하지만 한 가지 분명한 것은 교회의 변화와 개혁이 더 이상 미룰 수 없는 지점에 이르렀다는 사실이다.

'포스트' 코로나시대를 준비하며 신앙 공동체를 새롭게 구상해야 할 이때, 가장 필요한 것이 과거의 습관 너머를 보게 하는 새로운 상상력이다. 그 상상력을 표현하고 실현하기 위해서는 교회가 사용하는 언어도 점검해야 한다. 신자들만 알아들을 수 있는 언어들, 신자들의 귀에조차 어려운 교리들은 교회를 더 폐쇄적이고 자족적인 집단으로 만든다. '접촉'이 제한되는 요즘, 교회 안팎 이웃들의 삶을 살펴 교회의 언어를 점검하고 수성하고 보완하여, 말을 통해 삶을 어루만지는 '접촉'을 늘려보면 어떨까. 그리하여 언젠가는 교회의 언어가 신자들뿐 아니라 가난한 이웃들의 삶까지 넉넉히 담아내는, 표현할 언어가 없어 한이 되는 그들의 고통을 품어내고 풀어내는 집이 되고 실이 된다면 어떨까.

그러려면 어디서부터 시작해야 할까. 얼마 전 들은 좋은 소식이 참고가 될 것 같다. 서울대교구 한마음한몸운동본부가 명동성당에 무료급식소 '명동밥집'을 시작했다는 소식이다. 명동밥집은 서울 남대문, 을지로, 종로 일대의 노숙인들과 홀몸 노인 등 소외된 이들에게 무료 급식을 제공하고 여러 기관의 도움을 받아 긴급 의료나 생필품 제공, 심리 상담 등을 진행할 계획이다. 지금은 코로나19로 인한 사회적 거리두기에 따라 포장 도시락을 나누어주고 있지만, 거리두기 단계가 완화되면 자원봉사자들이 직접 조리한 따뜻한 음식을 제공할 예정이라 한다. 밥을 먹으러 오는 노숙인 수 이상으로 봉사자 수가 많다 하고, 신자들 사이엔 주교좌 성당이 지저분해진다는 불평보다 "이제야 교회가 교회다워졌다"는 호응이 더 많다 한다. 교회가 운영하는 무료 밥집이 이미 여러 군데 있지만, 주교좌 성당에 노숙인을 위한 밥집을 연 것은 큰 의미가 있다. 다른 교구들도 이런 시도들을 하며 소외된 이웃들과 만나고 그들의 말을 듣는 계기들을 많이 만들면 좋겠다. 가난한 이들의 말을 들을 수 있는 교회만이 그들의 말로 대화할 수 있다. 들을 수 있는 교회만이 변화할 수 있다.

성령강림대축일을 앞두고

이제 일주일 후면 부활시기를 마감하고 다시 연중시기로 들어가는 성령강림대축일을 맞는다. 오순절五旬節(pentekonta hemeras)이라고도 불리는 이날은 유대인들과 그리스도인들에게 모두 의미가 각별하여 각각 유대교 탄생의 날로, 그리스도 교회 탄생의 날로 기념된다. 어떻게 한 축일이 두 종교의 탄생을 기념하는 날이 되었을까? 그 유래는 유대인들의 농경 문화에서 비롯된 칠칠절七七節(Shavuot)로 거슬러 올라간다. 칠칠절은 밀과 보리 추수 시작을 축하하며 첫 열매를 하느님께 드리는 초실절初實節—맥추절이라고도 하며, 유대 민족의 이집트 탈출 사건을 기념하는 유월절과 시기적으로 겹친다—을 기점으로 일곱 번의 일곱 날, 즉 49일에 걸쳐 곡식을 거두고, 그 이튿날인 50일째(五旬節) 수확의 마무리를 기념하기 위해 성대한 축제를 벌이는 농경 절기이다(레위기 23, 15-21; 민수기 28, 26-31; 신명기 16, 9-12).

유대인들은 기원후 132-135년 유대 민족의 지도자이며 당시 메시아라고 불리던 바르 코크바Bar Kochba가 제국 로마에 맞서 일으킨 저항 운동을 기점으로 오순절의 의미를 확장했다. 제3차 유대-로마 전쟁이라고도 불리는 이 저항 운동의 실패로 유대인들은 무려 985개 마을이 폐허가 되고, 58만 명이 목숨을 잃고, 수많은 이들이 노예로 팔리는 참혹한 보복을 감당해야 했다. 땅과 터를 잃고 노시로 흡수되어 농경 축제인 오순절을 기념하기가 어려워지자(유대인들에게 절기는 단순한 축제가 아니라 계약백성으로서 하느님과의 관계를 기억하는 시기이므로 반드시 기념해야 한다), 유대 지도자들은 탈출기의 기록을 토대로 모세가 하느님으로부터 율법을 받은 사건을 오순절의 의미에 덧입히기로 결정한다. 따라서 유대인들에게 오순절은 수확의 감사를 올리는 날인 동시에 하느님과 계약을 맺은 민족이라는 자신들의 정체성을 상징하는, 유대교 탄생의 축일로 정착하게 된다. 하느님과의 약속을 상기함으로써 고통의 시간을 버텨나가고자 했던 유대 민족의 의지가 이 축일에 담겨 있다.

　그리스도교 탄생 축일로서 오순절은 또 다른 의미로 고통과 함께 기억되어야 할 축일이다. 성령 강림 사건이 등장하는 사도행전이 기록된 것은 80-90년이고, 바르 코크바의 저항 운동은 그로부터 50여 년 이후의 일이니, 사도행전에 등장하는 오순절은 아직 율법 수여와는 무관한 농경 축제로서 의미를 간직하고 있었을 것이다. 해마다 이 축일을 맞으면 유대인들은 노동을 하지 않고 성회에 모여, 누룩을 넣은 떡과 흠 없는 일년생 어린 양과 젊은 수소 한 마리와 숫양 두 마리를 번제로 올리는 성대한 축제를 거행했다. 헤롯의 도시 정책으로 새 단장을 하여 한껏 화려해진 예루살렘에서 이 축제는 더욱 떠들썩하고 흥겨웠을 것이다. 뿔뿔이 흩어졌던 디아스포라 유대인들도 오랜만에 예루살렘을 찾았을 것이다. 그런데 이 축제의 무리에 섞이지 못하는 이들이 있었으니, 바로 예수의 제자들이다.

　예루살렘은 그들에게 위험한 도시였다. 얼마 전 사형당한 정치범 예수의 추종자들인 그들은 남들의 이목을 피해 꼭꼭 숨어 다녀야 했을 것이다. 그뿐이랴, 부활한 예수를 만나 용서를 받았다고는 하나, 도시의 골목과 건물 하나하나가 그들에게 굴욕과 설움과 수치의 시간을 상기시켰을 것이다. 함께 처형되는 것이 두려워 자신들의 석방을 조건으로 스승을 내주었던 배신의 장소, 대사제 카야파 관저가 목전에 있다. 단 한마디 원망도 없이 순순히 올무에 묶여 끌려가던 예수가 무거운 십자가를 지고 개처럼 소처럼 매질당하며 오르던 골고다 언덕도 보인다. 그가 죽던 그날, 성 밖 처형장 봄볕의 따사로움이 이제 질척한 늦봄의 더위로 피부에 스며들어 그들의 죄책감을 옥죈다. 그러나 그들은, 가능한 한 멀리 떠나고 싶었을 이곳에 다시 모여들었다. 부활한 예수가 그들에게 이 치욕의 도시에 머무르며 성령을 기다리라 했기 때문이다(사도행전 1, 4). 회한과 혼란과 두려움과 불안의 복잡한 감정을 품고 제자들이 모인 곳은 작은 다락방이었다. 그 다락방에, 예수가 말했던 그 성령이 왔다. 세찬 바람과 같이, 불의 혀와 같이 한 사람 한 사람 위에 내렸다. 그들의 마음이 성령으로 가득 차, 자신의 언어가 아닌 외국어로 말하기 시작한다(사도행전 2, 1-4). 이 신기한 현장에 웅성거리며 모여든 사람들 앞에서, 비겁하고 두려웠던 제자들이 이제 예수가 가르쳤던 복음을 선포하기 시작한다. 그리스도 교회의 탄생이다.

　민중신학자 안병무 선생은 오순절 성령 강림 사건에 발생한 일 중, 특히 성령을 받은 이들이 자신의 언어가 아닌 낯선 방언, 즉 타인들의 언어로 말하게 되었다는 점에 주목한다. 파르티아, 이집트, 프리기아, 메대, 엘람 등 다른 고장에 정착하여 살다 자신의 모국어를 잃어버린 이들, 서로 소통할 수 없어 분열되어 각자도생하던 이들이, 오순절 사건 현장에서 벌어지고 있는 사건에 참여하며, 정치범 예수의 친구들이자 천대받던 갈릴래아 촌사람 무리인 제자들의 신들린 듯한 증언을 경이롭게 듣고 똑같이 이해하고 있다. "말의 장벽에 의해 분열된 사람들"이 자신을 초월하여 타자의 말을 듣고 타자의 말을 하며 하나가 되는 경험을 하고 있다는 것이다(『안병무 전집 2권─민중신학을 말한다』, '민중해방과 성령사건'). 이 오순절 사건을 기점으로 갈릴래아 민중들은 예수가 처형된 치욕의 도시 예루살렘에서 예수의 이름으로 공동체를 이루고 본격적인 활동을 시작한다. 기존의 전통, 제도, 권위 아래서 눈치만 보던, 권력과 법과 지방색의 테두리를 벗어나지 못했던 민중들이 이제 그 경계를 넘어 세상으로 나아간다. 그리스도 교회의 탄생은 자기 중심성에서 해방되어 그리스도의 몸 된 교회의 일부로 변화하는 초월의 사건이다.

성령강림절, 혹은 오순절에는 이렇듯 잊지 말아야 할 많은 이야기들이 얽혀 있다. 땅과 가족과 삶을 잃어버린 이들의 이야기, 그 와중에도 희망을 버리지 않고 뿌리를 잊지 않고 자신의 정체성을 찾고자 했던 이들의 이야기, 자신의 한계를 초월하여 자유와 해방을 위해 기꺼이 투신했던 이들의 이야기들이 두 종교의 탄생에는 아로새겨져 있다. 마치 우리의 오월이 결코 잊지 말아야 할 기억들을 불러오듯 말이다.

막시미노 세레소 바레도Maximino Cerezo Barredo, 〈해방의 그리스도(Cristo de la Liberacion)〉

하느님의 침묵

언제 끝나기는 할까. 코로나19 방역 4단계 격상이 결정되면서 다시 위기가 시작되었다. 소상공인, 자영업자들, 중소기업은 처진 어깨를 추스르기도 전에 또다시 감당하기 힘든 고통의 여름을 보내게 되었다. 재난이 닥쳐올 때 늘 던지는 질문이 있다. 왜 하느님은 침묵하시는가? 왜 하느님은 이 미증유의 고통에 아무런 행동도 보이시지 않는가? 이 질문을 좀 바꾸어 생각해보고 싶다. 왜 우리는 침묵이 하느님의 언어요, 하느님의 소통 방법이라고는 생각하지 않을까?

우리는 너무도 당연하게, 성서에 기록된 하느님의 '말씀'이 인간의 말과 같은 형태의 말일 것이라 생각하곤 한다. 수많은 이콘과 벽화, 스테인드글라스의 주제가 되었던 수태고지. 하느님의 말씀 자체인 그리스도가 인간에게로 강생하리라는 것을 대천사 가브리엘이 마리아에게 고한다. 그런데, 대천사가 정말 '말'을 했을까? 어쩌면 천사와 마리아 사이엔 말 대신 심연과 같은 신비한 고요만이 흐르고 마리아는 그 침묵 속에서 하느님을 듣고, 아니 하느님의 침묵을 잉태하여 그리스도를 낳게 된 것은 아닐까? 빛으로 다가온 천사를 경이로운 눈으로 마주하고 있는, 미국의 흑인 화가 헨리 오사와 태너Henry Ossawa Tanner의 그림 〈수태고지〉의 성모님을 보라.

그러고 보면 침묵은 하느님을 많이 닮았다. 침묵은 존재와 목적과 활

헨리 오사와 태너,
〈수태고지
(The Annunciation)〉

동이 하나다. 마치 하느님의 존재와 목적과 활동이 분리될 수 없듯 말이다. 침묵은 자신의 존재를 깨뜨려 말이 비롯되게 하며, 자신의 존재와 힘을 통해 다른 것들을 드러낸다. 하느님이 당신의 존재를 나누어 세상을 창조하시고, 당신의 힘을 통해 생명들을 살아 있게 하시는 것처럼 말이다. 침묵은 하느님이 처음과 나중을 주관하시듯, 인간의 모든 말과 행위의 맨 처음이며 맨 마지막에 존재한다. 인간은 침묵을 통해서 창조 전의 시간에 참여할 수 있다. 그리고 침묵으로 마침내 최후에 이른다. 침묵은 항상 인간을 위해 준비되어 있으며 처음부터 끝까지 함께하는 유일한 존재이며, 유일한 현상이다. 침묵처럼 그렇게 어느 순간에나 다른 것을 위해 존재하고 활동하는 이는 하느님뿐이다.

하느님이 소통하시는 방법을 분명한 말씀으로만, 분명한 징표로만 생각하고 기대한다면 고통의 자리에 하느님은 존재하지 않으시는 듯 보인다. 그러나 사람의 말과 논리와 이성을 초월하여 존재하고 소통하시는, 늘 우리 곁에 있는 하느님의 침묵을 우리는 어떻게 들을 수 있을까? 하느님의 침묵을 통해 우리는 어떤 의미를 찾을 수 있을까? 예언자 엘리야는 하느님의 침묵을 들은 사람이다(1열왕 19, 1-13). 아합 왕 무리들과의 오랜 싸움과 이스라엘 민중들의 계속되는 반목 때문에 지칠 대로 지친 늙은 예언자 엘리야는 로뎀나무 아래에서 통곡한다. 죽는 것밖에는 다른 길이 없으니 죽여달라고 기도한다. 하느님은 우선 천사를 보내어 엘리야가 기력을 회복하도록 보살피신 후 그를 호렙산으로 부르신다. 모세가 하느님을 만나고 하느님으로부터 계명을 받았던 호렙산에 오르며 엘리야는 이스라엘 민족의 미래에 대한 하느님의 분명한 대답을 기대했을 것이다. 하느님은 크고 강한 바람과 지진과 불의 위력을 보여주시지만, 그 가운데 계시지는 않았다. 그 웅장한 소리들 대신, 하느님은 "조용하고 여린 소리"로 당신을 드러내셨다(19, 13). 공동번역의 "조용하고 여린 소리"는 원어인 히브리어로는 "דקה דממה קול"로 '가늘고 낮게 읊조리는 소리'를 뜻한다. 영어로는 번역이 다양한데, "부드러운 속삭임(a gentle whisper)"(NIV), "잔잔하고 작은 목소리(a still small voice)"(KJV), "순전한 침묵의 소리(a sound of sheer silence)"(NRSV) 등으로 옮기고 있다. 내가 주목하고 싶은 것은 '읊조리고 웅얼거리는' 등의 의미를 가진 히브리어 "דממה"이다. 이 단어의 뿌리는 우가릿어인데, 짐승이나 사람이 소리를 낮추고 슬퍼하며 애도하는 것을 표현할 때 쓰는 단어라 한다. 새끼를 잃은 어미 개가 자리를 뜨지 못하고 끄응끄응 신음하는 소리랄까? 황망한 슬픔 앞에 목소리가 터져 나오는 것을 억누르고 어깨를 들썩거리며 낮게 꺼억꺼억 우는 모습이랄까?

분명한 답을 원하며 읍소하는 예언자 엘리야에게 하느님은, 바로 이 조용하고 여린 소리로, 낮게 흐느끼는 소리로, 침묵의 소리로 물으신다. "네가 여기서 무엇을 하고 있느냐." 하느님의 침묵을 들은 엘리야는 그 자리에서는 그분의 뜻을 바로 알아듣지 못한다. 그러나 이내 이어진 엘리야의 행보가 흥미롭다. 이스라엘의 미래를 어깨에 짊어지고 홀로 분투하던, "나 혼자 남았다"고 하느님께 울부짖던 엘리야는, 침묵의 소리로 소통하시는 하느님을 들은 후 길을 떠나 예후와 엘리사를 세워 그가 가진 권위를 나눈다. 침묵의 하느님은 어쩌면, 자기 자신의 목소리만 듣고 있던 엘리야의 마음과 귀를 열어 다른 이들과 연결하고 소통하게 하셨던 건 아닐까?

소리를 낮추시는 이 침묵의 하느님, 말씀의 현현만을 기대하는 우리 눈에 잘 뜨이지 않지만 성서의 다른 곳에서도 얼마든지 만나볼 수 있다. 시체가 되어 땅에 묻힌 아벨의 울부짖음을 전달하신 하느님은 어떨까. 어쩌면 하느님이 아벨의 피의 소리를 '전달'하신 방법은, 당신의 목소리를 낮추고 천지사방의 소리 또한 잠잠케 하여, 쓸쓸하고 무섭고 슬프고 억울하게 죽은 아벨의 목소리가 온 우주에 공명이 되도록 했던 것이 아닐까. 그리하여 그 도저한 침묵 속에서 망자의 흐느낌만 울려 퍼지게 하여, 동생을 살해하고도 양심의 소리를 듣지 못한 카인이 악귀가 되어버린 자신의 모습을 직면하게 하신 건 아닐까.

흔히들 고통의 현장에서 침묵은 부정적인 의미로 이해되곤 한다. 강요된 침묵, 혹은 이웃을 외면하고 살길을 도모하기 위한 침묵, 홀로 침잠하여 개인의 평안만을 구하는 침묵 말이다. 이렇듯 침묵을 고통과 대립하는 것으로 생각한다면, 고통의 현장에 존재하는 하느님의 침묵은 무능력하고 잔인하기까지 한 책임 유기로 느껴진다. 그러나 침묵을 당신의 존재를 떼어 생명을 내신 하느님, 당신의 힘을 비워 가난한 이들을 들어 올리신 하느님의 현존이라 생각한다면 어떨까. 계시지 않는 것이 아니라 늘 계시기에 오히려 드러나지 않는 하느님의 항상성이라 생각한다면 어떨까.

침묵으로 소통하시는 하느님을 우리가 들을 수 있는 길은 침묵이다. 우리는 우리의 말을 내려놓음으로써, 당신의 존재를 비워 '조용하고 여린' 생명의 소리와 고통의 소리를 듣게 하시는 하느님의 침묵에 참여할 수 있다. 이렇게 침묵에 기반한 영성은, 고통의 현장을 외면하는 것이 아니라 오히려 그 현장에 밀착되었을 때, 가장 가까이 있을 때 경험할 수 있는 자기 비움의 영성이다. 우리의 말을 내려놓고, 내면의 소음조차 끄고 그 자리에 말 없으신 하느님과 말을 잃은 이웃을 채우는 영성이다. 이 침묵의 영성은, 단지 말을 하지 않는 것이 아니라, 하느님과 분리되어 있는 우리의 자아를 거두어냄으로써 하느님을 드러내는 영성이다. '나'를 비움으로써, 언어를 초월하여 소통하는 하느님의 음성과 현존을 드러내는 영성, 나의 소리와 생각 대신 그분의 낮은 흐느낌, 그분의 순전한 침묵을 듣는 영성이다. 그분으로 인해 비로소 들리는 소외된 이들, 말을 잃은 이들의 소리를 듣는 영성이다. 그리하여 고통의 자리에 늘 계신 하느님과의 일치로 이어지는 신비다.

*이 글은 2021년 7월 11일 평신도 공동체 새길교회의 초청으로 나눈 말씀증거를 재구성한 글이다.

사연을 묻지 않는 하느님의 숨
─ 홀리루드에서 환대의 집까지

홀리 루드Holy Rood는 스코틀랜드 방언으로 '성십자가'라는 뜻이다. 내가 살고 있는 곳은 미국 워싱턴 DC의 북서부, 포토맥강을 끼고 있는 조지타운Georgetown이란 작은 동네인데, 집에서 걸어 5분 거리에 '홀리 루드'라는 이름의 공원묘지가 있다. 자그마한 규모이지만 188년의 역사와 함께 7,000여 구의 시신이 묻혀 있는 유서 깊은 곳이다. 노예 출신의 아프리카계 미국인 1,000여 명, 남북전쟁의 퇴역 군인 그리고 아일랜드계 미국인들을 비롯해 유럽에서 건너온 이민자들이 이곳에서 마지막 안식을 찾았다. 1990년 이후로는 찾아오는 발길이 적어 수십 년 동안 도로 한쪽에 버려져 있었다는데, 2018년 조지타운 대학과 홀리트리니티 교회Holy Trinity Catholic Church가 회복 작업을 시작한 이후 지금처럼 공원으로 단장하게 되었다. 새 직장을 얻어 2019년에 이사 온 나는 황폐했을 옛 모습은 보지 못했다.

묘지 산책을 좋아한다. 죽은 이들의 땅에 들어서면 경이롭고 어지럽고 또 슬프다. 삶과 죽음의 차이는 파르르 나비의 날개처럼 가벼운데, 한 생명이 떠나면 한 우주가 저문다. 내 발밑에 그 7,000개의 우주가 운동을 멈춘 채 고이 누워 있는 것이다. 저마다의 우주에 측량할 수 없는 고통과 슬픔이 있었으며, 기적처럼 찾아오던 기쁨과 환희의 순간들이 있었을 것이다. 하느님은 이 7,000개의 우주 하나하나를 통해 이 땅에 날숨을 내쉬었다가 하나의 우주가 멈출 때마다 들숨으로 당신에게 불러들였을 것이다. 하느님의 숨이 이곳에 쉼으로 머물러 있다.

낡은 묘비들 사이로 걷다 보면 그날따라 유난히 나를 불러 세우는 이름들이 있다. 대부분의 묘비에는 이름과 생몰 년도만 적혀 있지만, 그 단순한 기록은 많은 이야기들을 한다. 오늘은 존 코넬리John Connelly와 그의 아내 레베카 머드Rebecca Mudd, 또 토스 코넬리Thos Connelly가 함께 묻혀 있는 무덤 앞에 섰다. 존 코넬리는 1819년에 태어나 마흔이 되던 1859년에 죽었고, 레베카 머드는 1817년에 태어나 1885년에 죽었으니 남편을 보내고 26년을 더 살았다. 남편보다 두 살이 많았던 머드는 남편의 마지막 생일을 어떻게 보냈을까. 함께였을까, 아니면 이미 홀로였을까.

아일랜드인들의 미국 이민은 1845년을 기준으로 나뉜다. 그 이전의 아일랜드인들은 스코틀랜드계 아일랜드인들이 대부분으로 식민주의자들인 앵글로 색슨계와 무리 없이 동화되었지만, 1845년에서 1852년 사이, 대기근에 떠밀려 이주한 아일랜드인들은 대부분 가난했고, 앵글로 색슨계로부터 차별당하고 무시받기 일쑤였으며, 또 천주교 신자들이었기에 개신교인들이 중심이었던 미국 사회의 소위 '주류'에 유입될 수 없었다. 이들은 같은 백인임에도 "하얀 깜둥이(White nigger)"라고 불리며 차별을 받았고, 게으르고 다혈질적인 술고래로 무시당했다. 19세기 미국 신문의 구직 광고에서는 "아일랜드인은 지원하지 말 것"이라는 문장을 종종 찾아볼 수 있었다.

'코넬리'라는 성씨는 계열계 아일랜드인(Gaelic-Irish)들에게 흔한 성씨이니, 존 코넬리는 영국에 대한 저항이 가장 치열했던 북아일랜드 토박이였을 가능성이 크다. 대기근을 피해 미국으로 건너온 가난한 아일랜드인들 중에는 코넬리 성씨를 가진 사람들이 특히 많았다. 그런데 '머드'라는 성씨는 11세기 무렵 이탈리아에서 영국으로 이주해 체스터 지방에 정착해서 살았던 가문으로 일부가 북아일랜드로 이주하긴 했지만 아일랜드 토박이는 아니다. 그렇다면 그녀는 남편을 어떻게 만났을까? 영국 본토의 착취와 수탈 덕에 감자 외에는 먹을 것이 없던 시절에 감자마저 병들어버려 100만 명이 아사했던 처참한 아일랜드 대기근 시기에 만나 함께 굶주리며 서로를 의지하게 되었을까, 아니면 살기 위해 고향을 떠난 또 다른 100만 명의 무리 속에서 기근만큼이나 잔인한 이주민의 고충을 견디고 서로 위로하며 정을 붙이게 되었을까. 그들은 언제 가족이 되었으며 머드는 왜 남편의 성을 따르지 않았을까. 둘 사이 아이는 있었을까. 이들의 아이가 아닌 것이 분명한, 1809년에 태어나 1862년에 죽은 토스 코넬리는 이들 부부와 어떤 인연이 있었을까. 이렇게 망자들의 사연에 이야기를 붙이다 보면, 시작도 끝도 사람으로 이어져 그들의 시간이 나의 시간으로 흘러 들어온다.

차별은 전염병과 같은 것이라, 그리도 모욕적인 차별을 경험했던 아일랜드계 미국인들 중 많은 이들은 일자리를 두고 경쟁해야 했던 이웃 이탈리아계 미국인들에게 너그럽지 못했고, 사회의 변두리를 전전하며 어렵게 삶을 일구던 아프리카계와 아시아계 미국인들을 멸시하기도 했다. 미국의 인종차별은 이렇게 한 땅에 살고 있는 사람들 사이

무지와 몰이해와 두려움과 혐오가 켜켜이 얽혀 제도의 골수에 깊이 박혀버린 사회악이다. 1955년 인권운동가 로자 파크스Rosa Parks의 몽고메리 버스 보이콧이 도화선이 되어 시작된 흑인 민권운동의 역사는 이제 70년이 되어가지만 평등의 이상은 아직도 요원하다. 2020년 여름 백인 경찰이 흑인 남성 조지 플로이드를 체포하는 과정에서 목을 무릎으로 8분 46초간 짓눌러 살해한 사건, 그 뒤로 이어진 블랙 라이브스 매터 운동은 인종차별이 아직도 미국 사회의 제도와 일상을 장악하고 있음을 드러냈다.

차별이 만연한 사회에서 이렇게 구조적 폭력에 의한 살인사건이 발생하면 어김없이 따라 나오는 또 다른 폭력이 있다. 희생자가 사회의 '정상적인' 기준과 규범에 부합하는 사람인지 아닌지 따져 살인에 정당성을 부여하는 행위이다. 망자의 과거를 들추고 삶의 치부들을 공개해 마치 그가 죽어 마땅한 사람인 것처럼 모욕하고 살인을 합리화한다. 이런 이차, 삼차 폭력을 지켜볼 때마다 생각나는 도로시 데이의 말이 있다. "우리에겐 (사랑을 받을) 가치가 있는 가난한 이들과 그럴 가치가 없는 가난한 이들을 구분하고 차별할 권리가 없습니다. 복음은 우리에게 그럴 권리를 주지 않았습니다." 나는 이 말이 단지 원칙에 바탕을 둔 정언 명령이 아니라 인간의 고귀함에 대한 깊은 확신에서 나온 말이라고 믿는다. 이것을 깨닫게 된 계기가 내게 있다.

조지타운으로 이사 오기 전, 예기치 못했던 일이 삶에 닥쳐 경제적으로 또 정서적으로 많이 힘들었다. 어려웠던 그 한 해를 나는 도로시 데이의 고향이었던 뉴욕, 그중에서도 그가 가톨릭일꾼을 만들고 처음 환대의 집을 열었던 뉴욕시에서 보냈다. 자가용이 없어도 지낼 수 있는 곳, 오가는 이들이 너무 많아 오히려 숨어 살 수 있는 도시가 뉴욕이다. 마천루가 펼쳐져 있고, 영화에서나 등장하는 펜트하우스 족들이 살고 있는 신기루 같은 곳이지만, 1달러 50센트짜리 피자로 요기를 하고 달러 트리 스토어에서 저렴한 가격의 생활용품을 구입하여 하루하루를 지탱할 수 있는 곳도 뉴욕이다. 그곳에 사는 동안 나는, 갑자기 바뀐 내 처지가 믿기지 않았다. 일이 고단하고, 나 자신이 밉고, 떠나온 시간들이 그리워 버스에 앉아 혼자 훌쩍거린 날도 많았다. 하지만 새벽 첫 출근길 버스에 타는 사람들은 저마다의 삶이 버거워 옆에 앉은 이의 눈물에 개의치 않았다. 어쩌면 그저 모른 척했을 것이다. 도시의 그 무심함이 나는 고마웠다.

　뉴욕에 도착하고 정착을 하기도 전에 찾았던 곳이 가톨릭일꾼 환대의 집 중 한 곳인, 집 없는 여성들을 위한 '메리하우스'였다. 도로시 데이가 말년을 보냈던 방이 이곳에 있다. 자원봉사를 하고 싶다고 소개를 하긴 했지만, 실은 봉사에 마음이 있어서 메리하우스를 찾았던 것이 아니다. 낯선 곳에 적응하려면 친구를 만들고 살아갈 방법을 배워야 했는데, 능력도 출신도 사연도 묻지 않고 기꺼이 반겨줄 만한 곳이 환대의 집이라 문을 두드렸다. 아닌 게 아니라, 메리하우스에서 봉사를 하는 동안 어느 누구도 내 사연을 따져 묻지 않았다. 삶이 어려운 것이, 또 더 어려운 이들과 함께하는 것이 그곳에서는 그저 당연한 일이었다. 메리하우스 봉사자들의 일과는 단순하다. 아침에 도착하면 한두 시간 동안 기부로 들어온 낡은 옷들을 차곡차곡 개어 진열을 하고, 시간이 남으면 주방에서 식사 준비를 돕는다. 12시가 되어 부근의 집 없는 여성들이 찾아오면 소박하지만 정성스레 마련한 점심식사를 나누어주고, 그들이 낡은 옷들을 뒤져 필요한 것을 챙기는 일을 도와주다 2시가 되어 여성들이 모두 거리로 돌아가면 설거지를 하고 뒷정리를 한다.

메리하우스를 찾는 여성들은 자신의 삶을 포장하지 않았다. 욕망도 욕심도 웃음도 비웃음도 비난도 칭찬도 다 날것이었다. 그들은 그래서 아름답기도 했지만, 때로 거칠고 무례하기 그지없어 눈살을 찌푸리게 만들기도 했다. 그런 모습을 볼 때면, 나 자신 남의 판단이 싫고 두려워 그곳을 찾았다는 사실도 잊은 채 그들을 업신여기고 낮추어 보는 마음이 스멀스멀 올라오곤 했다. 은연 중 그들이 '사랑받을 가치'가 있는지를 가늠하고 있었던 것이다. 그 마음이 사라진 것은 그들과 가까워져 서로 이름과 얼굴을 기억하게 되면서부터였다. 소박한 점심을 함께 먹으며 그들의 삶과 내 삶이 교차하는 시간이 늘자, 생명이라는 단 하나의 이유로 절대적으로 존중받아야 할 인간의 '가치'가 더도 아니고 덜도 아니고 내게 있는 것과 똑같은 크기와 깊이로 그들에게도 있다는 사실이 피부로 와 닿기 시작했다.

무슨 사연이 있어 척박한 거리에 나앉게 되었는지 알 수 없지만, 어렵고 힘든 시간이 찾아왔던 첫 순간들이 그들에게도 있었을 것이다. 버스에서 고개를 숙이고 울던 날들, 무심한 도시가 주는 위로를 달게 받았던 날들이 그들에게도 있었을 것이다. 세상은 나보다 그들에게 몇십 배나 더 가혹하여 그들을 절망으로 몰아가다 종내 빠져나오기 힘든 질곡에 묶어버렸지만, 그래서 다 놓아버리고 싶다가도 메리하우스처럼 사연을 묻지 않고 반겨주는 곳이 있어 그들은 쉬어 갈 수 있는 것이고, 이름을 기억해주는 이들이 있어 살아 있다는 것을 새삼 깨닫는 것이다. 부끄럽지만 살아야 하니까 내미는 손, 사람이니까 받아줄 수 있는 손이 그들에게도 내게도 있다. 단지 인간이라는 이유만으로 충분한 사랑받을 가치가, 그들에게도 내게도 똑같은 크기로 있다. 세상에 사랑받을 가치가 없는 사람은, 사람대우를 받지 못할 사람은, 죽어도 마땅한 사람은 없다. 사랑은 그렇게 치열하게 지켜내야 할 의무이며, 조건 없이 사랑해야 한다는 것에 복음은 일말의 타협의 여지를 두지 않는다. 그들을 향해서도, 나 스스로를 향해서도 말이다.

어렵던 한 해를 보내고 내겐 다행히 새로운 시작을 할 수 있는 기회가 찾아왔고, 그렇게 뉴욕을 떠났다. 그리고 또 일 년이 지났다. 신종 바이러스로 인해 수없는 생명을 떠나보낸 여름, 병마가 휩쓸어 묘지처럼 쓸쓸한 공터가 되어버린 뉴욕 시가지를 뉴스에서 보며 나는 메리하우스의 그 여성들을 떠올렸다. 그리고 오늘 이 묘지에 서서 다시 그들을 기억한다. 내 삶만큼 고귀하고 무겁고 또 가벼운 그들의 삶을 위해, 그 삶에 얽힌 고통과 슬픔과 환희를 위해, 그 삶을 삶이게 하는 사랑을 위해 기도한다. 그들을 위한 나의 기도가 이곳 묘지에 머무는 하느님의 들숨과 날숨에 섞일 것이다. 200여 년 전에 살았던 코넬리와 머드의 삶도, 비석도 제대로 없이 이 공원에 묻힌 아프리카계 미국인 노예 1,000여 명의 삶도, 코로나 바이러스가 이제 막 앗아 가버린 세상 많은 이들의 안타까운 삶도, 그 상실을 안고 살아가야 하는 그보다 더 많은 이들의 삶도 모두 하느님의 들숨과 날숨에 섞여 하나가 될 것이다. 세상에 생명을 내고 결국 당신의 품으로 모두 받아 안는 하느님의 숨, 본래 아무 조건도 차별도 없는 생명의 본질인 그 숨과 말이다.

고통과 신비

제단에 장식되어 있는 구유 속 아기와 아기를 바라보는 젊은 부부는 평화로운 모습으로 영원히 정지되어 있지만, 실은 무척 떨리고 분주한 새 아침을 맞았을 것이다. [⋯] 밤새 뜬 눈으로 안절부절못했을 것이고, 마구간 동물들의 소리에 행여 아기가 깨지나 않을까 노심초사했을 것이고, 낯선 곳에서 노숙인이나 다름없는 신세이니 산모의 젖이 마르지 않게 할 하루의 끼니 또한 걱정했을 것이다. [⋯]

성탄은 연약한 아기로 오신 하느님에 대한 우리의 돌봄과 사랑이 필요한 숱한 일상, 다음 날들의 시작이다. [⋯] 아기의 운명도, 아기가 실현할 약속도 이제 그 일상을 살고 있는 우리에게 맡겨졌다.

그분은 아직 진도 앞바다에
—2014년 4월 23일, 세월호 참사 후 일주일 뒤

올해 나는 부활 성야 미사에 참석하지 못했다. 성당 밖에서 한참을 망설이다 결국 집으로 돌아왔다. 환하게 밝혀올 부활의 빛을, 제대에 장식된 화려한 꽃들을 바라볼 용기가 없었다. 아마도 뉴스를 통해 소식은 들었겠으나, 무거운 내 마음을 헤아려주기 힘들 미국인 교우들과 함께 대영광송을 부르며 그의 부활을 축하한다고 말할 자신이 없었다. 나는 아직 성 토요일의 암흑에서 깨어나지 못했다. 그가 사라진 성당의 텅 빈 공간은 진도 앞바다가 되었고, 그 공간을 짓누르는 차갑고 처절한 고요는 어린 자식을 바다에 둔 부모들의 통곡 소리를 메아리 치게 한다.

세상이 침몰했다. 생떼 같은 자식들은 바다에 있다. 살려달라는 호소는 불통의 바리케이드에 막혀 전달되지 않는다. 그 앞에서 몸부림치는 수백 명의 부모들에게 대체 무슨 말이 위로가 될 수 있겠는가? 무슨 신학적 설명이 필요하겠는가? 바다 속에 아직 잠겨 있는 생명들과 울부짖는 부모들과 함께 신이 고통받고 계시리라는 말도 나는 못 하겠다. 신학으로 밥 먹고 사는 내게도 전혀 위로가 안 되는 그 말이 어떻게 부모들에게 위로가 되겠는가? 신이 무엇을 하고 있었느냐고, 왜 침묵을 지키고 있느냐고 다그쳐 묻지 마시라. 대체 무엇을 알고 싶은 것이며 알아서 무엇을 하겠다는 것인가. 지금 우리에게 필요한 질문은 '하느님은 왜?', '하느님은 어디에?'가 아니다. 신이 아니라 나 자신에게, 무너진 하늘을 받치고 서 있는 우리 모두에게, 아무리 힘들어도 물어야 한다. '지금 우리는 무엇을 해야 합니까?'

우리에겐 지금 반드시 해야 할 일들이 있다. 우선 애끊는 부모들이 그 분노를 토해낼 수 있을 공간을 만들고 그 공간을 몸으로 마음으로 지켜주어야 한다. 섣부른 위로를 던지지 마시라. 강도 만나 쓰러져 있는 이들 앞에서 의미 없는 말들을 쏟아낼 것이 아니라, 패악한 무리들이 다시 찾아와 그들의 생명을 끊어낼 수 없도록 안전한 여관에 눕히고, 그 몸이 식지 않도록 우리의 체온으로 덮혀주고, 그 입에서 나오는 절절한 말 한마디 한마디를 들어야 한다. 그들이 맘껏 가슴을 치고 바닥을 구르며 통곡할 수 있도록, 아무리 해도 삭지 않을 그 노여움을 조금이라도 덜어낼 수 있도록, 무능한 지도자들과 관료들에게 비난과 질타를 하고 싶다면 할 수 있도록, 청와대에 가고 싶다면 갈 수 있도록, 길을 터주고 다리를 놓아주어야 한다. 그들을 지켜줄 수 있는 것은 우리뿐이다.

우리는 또 우리의 영혼이 증오에 침식되지 않도록 돌봐야 한다. 오늘 겪고 있는 일들로 인해 우리가 넘어가야 할 증오의 시간들이 두렵다. 마치 남을 미워해야만 내가 살 수 있을 것 같은 감정들이 삶을 장악하게 될지 모른다. 증오가 마침내 관계의 규범이 되어버릴지도 모른다. 너도 나도 미워할 대상을 찾는, 미워해야만 정의로울 것 같은 세상에서 결국 피해를 입게 되는 것은 약자들이다. 증오는 즉각적인 해소를 필요로 하기에, 우리의 시야를 좁히고 사고의 반경을 축소시키기 때문이다. 실종자 부모들의 정당한 분노를 지탱하기 위해서라도, 우리는 증오를 자제해야 한다. 정황이 확실치 않은 정보를 퍼 나르거나, 특정 진영의 이해타산을 부추기거나, 추측성의 이야기를 사실처럼 이야기하거나, 사건에 직접적인 책임이 없는 개인을 공공의 적으로 몰아가거나 하는 일을 삼가는 것이 좋겠다. 세월호 사건은 우리의 삶이 우리가 알지 못했던 이웃들과 얼마나 유기적으로 연결되어 있는지 보여준다. 아무 관련이 없는 줄만 알았던 이들의 슬픔으로 인해 우리는 이렇게 울고, 이렇게 노여워한다. 상처를 서로 보듬으며 함께 일어설 때 이 분노는 비로소 일관된 방향과 통로와 방식을 찾아 분출될 수 있을 것이다.

우리는 또 무엇보다 처참하게 망가져버린 우리 사회의 현실을 직시해야 한다. 괴로워도 똑똑히 보시라. 우리가 얼마나 패악한 세상을 살아왔는지, 살고 있는지. 세월호 침몰은 어느 것 하나 제대로 작동하지 않는 우리 사회를 단적으로 보여준다. 고물 선박, 형식뿐인 안전점검 시스템, 악조건에도 운항을 강행한 선박회사, 자신이 무슨 일을 저질렀는지조차 모르는 선장과 선원들은 각각 퇴보하는 국가 정책, 국민의 안녕에 전혀 관심 없는 행정 체계, 사용자 위주의 노동 시스템, 자신의 밥줄에만 관심 있는 관리자들의 모습을 은유적으로 드러낸다. 비겁하고 약아빠진 언론은 우리가 이 현실을 보고 듣지 못하도록 우리의 눈과 귀를 가리고, 무지와 오류를 확대 재생산하며, 우리의 관심을 이해타산의 논리로 몰아가고, 우리의 희망을 잔인하게 이용한다. 만신창이가 되어 삐그덕거리는 이 사회의 가장 위에 상명하달식으로 군림하는 정부가 있다. 아무리 다급한 일일지라도 상부의 승인을 거쳐야 한다는 그들, 죽어가는 생명들을 수색하기 위한 인원을 불러 고위 관리들과 국회의원들의 의전에 동원하는 그들, 일분일초가 아까운 현실에서 그저 "최선을 다하고 있다"는 말만 반복할 뿐 문제를 해결할 아무 능력이 없는 그들, 그들이 지휘권을 쥐고 있는 이 믿기 힘든 현실에 우리는 살고 있다. 편갈라 남 탓하기 전에 우리 스스로의 가슴을 치고 회개하며, 늦었지만 지금이라도 고쳐나가야 한다. 혹시나 우리 모두가 비탄에 빠져 있는 이 순간을 이용해 그들이 또 무슨 짓을 저지르지 않을지, 두 눈 부릅뜨고 밤새워 지켜봐야 한다.

올해 나는 부활한 그를 만나지 못했다. 그는 아직 진도 앞바다에 잠겨 있고, 나는 축축한 그의 무덤가를 헤맨다. 아마도 한동안 나는 그를 만나지 못한 채 그의 무덤 앞을 서성이며 길고 긴 토요일을 보내야 할 것 같다. 이 칠흑 같은 밤, 아직 의미를 찾기 힘든 그의 부활을 묵상하는 대신 그의 죽음을 마음에 새긴다.

그의 십자가는 우리가 저지른 잘못에 대한 '처방'이 아니라 '진단'으로서 우리 앞에 서 있다. 십자가에 매달린 무고한 그의 몸은 황망하게 잃어버린 우리의 아이들을 되돌릴 어떠한 처방과 해결책도 제시하지 않지만, 우리의 안일함이 초래한 이 끔찍한 비인간화의 현장을 고발한다. 그리고 우리에게 말한다. 고개를 돌리지 말라고, 도망가지 말라고, 내 앞에 서서 똑똑히 보라고, 증언하라고, 기억하라고, 그리고 제발 죽음을 멈추라고.

성호의 성당과 고통의 성사聖事
—세월호 희생자들을 기억하며

 그 작은 성당에 나는 아직 가보지 못했다. 사제가 되고 싶었던 착한 소년 성호 임마누엘의 이름을 가진 세상에서 제일 작고 슬프고 아름다운 성당, 예수를 닮은 목수들이 눈물과 기도로 나무를 다듬고 바닥을 깔고 기둥을 세우고 대들보와 서까래를 올려 지었다는 그 성당 말이다. 바다 건너 멀리 살고 있는 것이 아쉬울 때가 많지만, 성호의 성당이 축성되던 날은 특히 그랬다.

 지붕 위 예쁜 종탑은 소년이 다니던 선부동 성가정 본당의 종탑을 닮았다 한다. 대여섯 사람이 들어가면 꼬박 찰 정도로 자그마하고 아늑하다 한다. 햇살이 스테인드글라스를 타고 들어와, 성호가 보고 싶어 찾아온 이들의 얼굴에 장미꽃도 수놓고, 구름도, 천사의 날개도 그린다 한다. 사진 속 성당의 성모님은 바람결인 듯 머리카락 나부끼며 당신 품에 잠든 아기 예수를 놓칠세라 꼬옥 안고 계신다. 그날, 차가운 바다 속에서 몸을 떨었을 성호와 304명의 가여운 영혼들도 그 품에 안겨 단잠을 잘 것이다. 이제 그 성당은 그들이 못다 이룬 꿈과, 그들을 기억하는 우리들의 꿈을 버티어줄 거룩한 성사聖事로 그 자리에 오래오래 남아 있을 것이다.

 그러고 보니 성사의 의미를 다시 생각하게 되는 요즘이다. 성호의 성당, 우리 가슴에 달려 있는 노란 리본들, 세월호의 기억을 담은 노래와 시와 그림과 공연들을 성사라고 부르는 것은 무엇을 의미할까? 성사란 단어의 기원은 신약 성서에 등장하는 그리스어 '신비(mysterion)'이다. 감추어졌던 하느님의 은혜가 드러나는 것을 의미한다. 이 단어가 서약, 맹세, 위탁을 보증하는 물질을 일컫는 라틴어 단어 '사크라멘툼sacramentum'으로 번역된 계기는 2세기 교부신학자 테르툴리아노Tertulian가 세례식에 '그리스도 군사의 선서(sacramentum militia Christi)'란 말을 사용하면서부터이다. 테르툴리아노는 그리스도인들이 세례를 통해 군인처럼 강한 결속력과 의무감을 가지게 되길 바랐던 모양이다. 그 이후 사크라멘툼은 점차 하느님의 사랑을 드러내거나 은총을 담보하는 매개체라는 의미로 굳어지게 되었고, 우리말 용어로는 '거룩한 것 혹은 거룩한 일'을 뜻하는 '성사'로 번역되었다. 한편 은총이 창조 세계에 드러나는 원칙과 성질은 '성사성聖事性(sacramentality)'이라고 부른다.

좁은 의미로 성사는 일곱 성사(세례, 견진, 성체, 고해, 병자, 성품, 혼인)를 가리킨다. 우리들 삶의 여정, 통과의례의 굽이굽이 함께하시는 하느님의 축복을 기억하고 감사드리기 위한 대표적인 예식들이다. 그러나 넓은 의미로는 하느님의 은총을 경험하는 모든 순간, 경험하게 하는 모든 사건들과 형상들을 성사라고 부른다. 우리의 삶도 성사이고, 우리의 몸도 성사이고, 우리의 눈물과 웃음도 성사이고, 축복인 듯 아쉬움인 듯 오고 가는 계절도 성사이며, 추운 겨울 길모퉁이에 서서 울며 우리의 온정을 일깨우는 길고양이도 성사이다. 즉, 하느님의 숨결과 미소와 탄식을 드러내는 창조세계의 모든 것들이 성사이다. 살아 있는 모든 것들, 살아가는 모든 순간을 귀하게 여겨야 하는 까닭이 여기 있다.

그리스도교 성사의 원형, 즉 '근원적 성사'는 예수 그리스도이다. 하느님께서 참 인간이 되어 인간과 함께 살았던 강생降生, 성육신 사건은 다른 모든 성사들과 비교할 수 없는 본질적인 성사이다. 많고 많은 성사들 중에서도 어떤 성사들은 바로 이 근원적 성사성, 즉 그리스도의 삶과 죽음의 의미를 드러내며 우리를 그리스도와의 만남으로 더 가깝게 초대한다. 이런 성사는 그리스도의 말과 행동이 그랬듯, 탐욕과 신음으로 가득 찬 세상을 죽비로 내리친다. 모두가 믿고 있는 사실이 실은 거짓일 수 있음을 천명하고, 모두가 따르고 있는 질서가 맘몬의 질서임을 밝히고, 모두가 귀하다 하는 것들이 신기루임을 보여준다. 그러기에 성사는 항상 달콤하고 부드럽고 아름답지만은 않다. 때로 거칠고, 날카롭고, 불편하다. 우리의 못나고 부끄러운 모습을 낱낱이 드러내기도 한다. 그러나 또 그렇게 뒤집어진 질서 속에서 실낱같이 남아 있는 우리들의 선한 마음을 비추어낸다. 이러한 성사에는 대체로 고통이 그 중심에 있다.

일곱 성사 중에서 근원적 성사의 의미가 가장 잘 드러나는 성사는 성체 성사이다. 성체 성사를 통해 우리는, 목숨을 던져 생명의 떡이 되어 잘게 부서져 우리들 몸으로 스며드는 그와 하나가 된다. 성체를 입에 넣는 순간마다, 그의 살과 나의 살, 그의 피와 나의 피, 그의 인격과 나의 인격, 그의 경험과 나의 경험이 하나되는 놀라운 신비를 겪게 되는 것이다. 그러므로 성사를 통해 그와 일치한다는 의미는 하늘에 보화를 쌓는 것도 아니고, 세상의 고난으로부터 영적으로 자유로워지거나, 나와 내 이웃의 아픔에 무감각해지는 최면 상태에 이르는 것도 아니다. 오히려 예수가 그랬듯, 인간을 향한 연민이 너무 깊어 도무지 고통에 대한 면역을 키울 수 없는 상태가 되는 것이다. 그의 눈으로 세상을 보고, 그의 심장으로 세상을 아파하고, 그의 연민으로 세상을 보듬는다는 뜻이다. 그리고 마침내 그와 함께 고통과 죽음을 딛고 부활하는 것이다.

그러나 성체 성사뿐만이 아니다. 고난 속에서 우리와 함께하시는 하느님을 느끼는 모든 순간들은 거룩한 성사, 고통의 성사이다. 프랑스의 철학자이자 신비가 시몬 베이유Simone Weil는 이 고통의 성사를 예민하게 감지하고 그 성사를 살기 위해 기꺼이 투신했던 사람이다. 베이유는 고통 중에서도 가장 극심하고 가장 비참한 상태, 모든 것을 박탈당한 상태, 아무런 위안조차 없는 상태(affliction) 속에서 신의 사랑과 은총을 경험하게 된다고 말했다. 자신의 모든 것을 버린 예수, 세상의 모든 것으로부터 버림받은 예수가 겪어야 했던 고통이 바로 그런 것이다. 고통 자체가 은총이라는 말이 아니다. 참혹한 고통 속에서 몸부림치면서도 포기하지 않고 희망을 건져 올릴 때, 고통은 성사가 된다는 말이다. 참혹한 고통을 외면하지 않고 주시(attention)하며 동참할 때, 고통은 성사가 된다는 말이다. 그렇게 고통을 통해 사랑을 주는 자와 받는 자가 하나되어 그리스도와 함께 살아나는 것이 고통의 성사이다.

4월 16일의 참혹한 기억을 나뭇결마다 아로새긴 성호의 성당, 가슴에 달려 있는 노란 리본, 그날의 아픔과 그 이후의 부조리와 분노를 담은 노래와 시와 그림과 공연은 그러므로 그리스도인들에게 고통의 성사이나. 그날을 결코 과거로 만들지 않으려 분두하는 모든 호소들, 고통을 외면하지 말라고 다그치는 모든 소리들도 성사이다. 이제 들불로 번져가고 있는 세월호 순회 미사를 정성스럽게 봉헌하는 마음도 성사이다. 식상하고 지루하니 이제 좀 그만하라고 아무리 핀잔을 들어도 광화문 앞을 떠나지 않고 묵묵히 묵주를 만들고, 책갈피를 만들고, 목도리를 뜨는 손길들도 성사이다. 이 모든 몸짓들이 이 참혹한 삶 속에서 그리스도를 만나라고, 여기 그리스도가 죽어가고 있다고 우리를 일깨우는 고통의 성사이다.

그 고통의 성사를 부활의 성사로 전환하기 위해 우리의 몸이 필요하다. 고통이 추상이 되고 망각으로 사라지기 전에 그렇게 살덩어리로 만들고, 눈에 담고, 귀에 담고, 손끝과 발끝에 담고, 기도로 되뇌어 우리 몸에 새겨야 한다. 그렇게 우리 모두가 고통의 성사가 될 때 우리는 304명의 영혼들과 함께 부활할 것이다. 고통 없는 부활은 없다. 되살아난 그리스도의 몸에 남아 그의 부활을 증거한 것은 그의 몸에 새겨진 상처였다.

다시 4월 16일, 부활하는 예수
—세월호 일주기에 쓰다

    밀린 일들이 잔뜩 쌓인 책상 너머로 창밖의 봄을 멍하게 바라보다, 답답한 마음 가누기 힘들어 결국 밖으로 나섰다. '결코 전과 같지 않을 봄'이 되돌아온 첫해다. 피어나지 못한 304명의 생명들이 또다시 바다로, 바다로, 잠긴다. 자식들이 죽어간 이유조차 알지 못한 채 자식의 명찰을 가슴에 건 어미와 아비는 삭발을 하고 아스팔트 바닥에 서서 캡사이신 물 대포를 맞는다. 또다시 참혹한 4월, 꽃은 여기저기서 펑, 펑, 망울을 틔운다. 참 무심하기도 하다.

    봄이 무심하다, 정말 그런가? 다시 바라본다. 길목 한편에 서 있는 개나리 나무, 딱딱한 가지를 뚫고 올라온 노란 꽃송이들을 보며 생각을 바꾸었다. 흔하고 너르게 핀 것이 봄꽃이지만, 꽃송이 하나하나가 망울을 벙글기까지 태고로부터의 기다림이 있었다. 생명은 비좁고 어두컴컴한 씨앗, 혹은 나뭇가지 속에서 자신의 내일이 어떻게 될지 전혀 알지 못한 채 그 아득한 세월을 견뎠을 것이다. 사람의 손에 꺾이고 발에 짓밟히고 배고픈 청설모의 밥이 될 위기를 하루에도 수백 차례 넘겼을 것이다. 그 외롭고 불안한 시절이 끝나 정작 봄이 다가오면 낯선 세상에 대한 두려움 또한 적지 않았을 것이다. 햇빛과 바람과 비가 꼭 맞게 조율되는 그 신비로운 한 순간을 기다리는 초조함은 또 어땠을까. 그리하여 마침내 저 연하고 어여쁜 새싹이 세상에 태어날 준비가 되면, 나무는 겨우내 딱딱하게 말라 있던 살갗을 스스로 찢는 고통을 기꺼이 감내했을 터이다.

무심하게 세상에 오는 생명은 없다. 불안과 혼란과 아픔을 전제하지 않고 태어나는 생명은 없다. 그 많은 생명들이 낡은 것들을 쳐내고 우르르, 한꺼번에 세상에 쏟아져 나오는 봄은 차라리 폭력이다. 흔들지 않는 것이 없고, 상처 내지 않는 것이 없다. 유난히 도드라지는 봄날의 붉은 꽃들은 그 숱한 생명이 태어나는 순간 어머니 대지의 몸에서 낭자하게 흘러나온 선혈의 빛깔일지도 모른다.

사랑하기 좋은 계절이 봄이라 한다. 봄과 사랑은 닮았다. 사랑도 봄처럼 폭력이다. 사랑은 쳇바퀴처럼 돌아가는 일상이라는 궤도에 백주의 강도처럼 개입하여 일탈을 요구한다. 철학자 슬라보예 지젝은 "사랑은 존재의 질서에 하나의 차이를 만들고 균열을 내려는 폭력적 정념, 다른 모든 대상을 희생함으로써 하나의 대상을 특권화하려는 폭력적 정념이다"라고 말했다.[*]

사랑은 내가 사랑하기로 선택한 '당신' 없이는 존재하지 않는 정념이다. 사랑을 택하는 그 순간 다른 모든 것은 포기해야 한다. 내 몸과 마음조차 내 뜻대로 움직이지 않는다. 단 하나의 당신, 그이를 향하여 나는 '평화로운' 나의 삶에 상처를 내고 낯선 질서에 투신한다. 열렬히 사

---

[*] 슬라보예 지젝, 『죽은 신을 위하여: 기독교비판 및 유물론과 신학의 문제』, 김영아 옮김 (길: 2007), 57쪽.

랑할수록 더 초라해지고 가난해지는 역설은 또 어떤가. "사랑이 사람을 얼마나 고독하게 만드는지 모르고 하는 소리지." 오래된 유행가 가사가 새롭다. 그러나 그것이 끝이 아니다. 사랑은 그렇게 외로움과 혼란을 소낙비처럼 불러오며, 내 안에 혁명을 일으킨다. 일상의 질서를 지탱하던 낡은 정체성이 파괴되는 순간, 나는 마침내 내 안의 새로운 가능성과 마주하게 되는 것이다. 내게서 나온 것이지만 온전히 내가 아닌, 내가 선택한 당신을 품은, 새로운 '나'를 만나게 되는 것이다.

이렇게 폭력적인 사랑을 온몸으로 끌어안고 자신을 산산이 흩어버린 예수가 만든 기적─'부활'을 봄과 함께 맞는다는 것이 얼마나 극적인가. 그 사람 예수는 사랑에 휩쓸려 자신을 버리고 사랑을 위해 세상에 몸을 던졌다. 치열했던 자신의 사랑만큼 잔인하고 처절한 외로움을 온몸으로 감당하며 그는 목숨마저 버렸다. 그리고 잘게 찢은 자신의 몸으로 생명의 떡을 빚어 우리를 먹인다. 자신의 존재를 버리고 우리들 한 사람 한 사람의 존재를 통해 되살아난다. 자신을 철저히 해체하여 '우리'가 되어 역사 속으로 녹아들어 소생한다. 그렇게 그는, 자신을 소멸하여 남으로 더불어 생명을 잉태하게 하는 것이 하느님의 본질임을 보여주었다. 그것이 예수가 가져온 부활의 의미이다. 부활은 그러기에 세상의 질서와 도저히 융합될 수 없는 차이를 만들고 그 질서에 균열을 일으키는 폭력적 사랑의 거대한 현현이다.

그 부활을 '믿는다'는 것은 무엇을 의미할까? 성서학자 마커스 보그 Marcus Borg는 '믿는다'는 말의 라틴어, '크레도credo'에 주목한다.** 신경(creed)의 어원인 크레도는 '마음(heart)을 주는' 행위를 의미한다. 마음은 가장 깊은 차원의 나—생각, 의지, 감정의 뿌리이다. 그러므로 라틴어에서 누군가를 '믿는다'는 말은 그 대상에게 나를 내어준다는 의미이다. 크레도의 영어 번역인 'believe'의 중세시대 용례를 살펴보면 의미가 좀 더 명확해진다. 16세기 이전까지 영어의 '믿는다'는 말은 언제나 '사람'을 대상으로 하는 말이었다고 한다. 즉, '믿는다'는 것은 어떤 사람을 믿는다는 뜻이지, 어떤 명제를 믿는다는 뜻이 아니었다는 것이다. 'believe'의 어원인 'be loef'는 '아끼고 소중하게 여기다'를 의미하는 'to hold dear'로, 오늘날의 의미로 본다면 'belove', '사랑하다'에 가깝다. 성서가 영어로 번역되기 시작한 것이 15세기 즈음이니, 그때까지만 해도 예수를 믿는다는 말은 그를 사랑한다는 말과 동의어였다는 것이다. 그러고 보면 우리말의 '믿는다'는 말도 마찬가지이다. 우리말의 '믿는다'는 '인격적인 신뢰'와 관련이 있다. '어떤 사람이나 대상에 의지하며, 그것이 기대를 저버리지 않을 것'이라고 우리는 믿는다. '어떤 사실이나 말, 이념이 실현되리라 생각하는 것'도 믿음이지만, 그 또한 그 사실이나 말, 이념에 내가 소중히 여기는 가치를 보태는 것, 인격적인 무언가와 관련이 있다.

이렇게 라틴어, 영어, 우리말의 '믿는다'는 의미를 곰곰이 생각해보면, '예수의 부활을 믿는다'는 말은 문법적으로 어색한 표현이다. 부활은 사

**   Marcus Borg, *Speaking Christian: Why Christian Words Have Lost Their Meaning and Power—And How They Can Be Restored* (New York, NY: Harper One, 2014), p. 118-119.

건이지, 마음을 주거나 사랑할 수 있는 대상이 아니다. 부활은 경험하는 것이고, 살아내는 것이지, 믿는 대상이 아니다. 잘못된 문법은 종종 의미의 왜곡을 초래하는데, '예수의 부활을 믿는다'고 하면, 부활이라는 승리의 표징이 예수보다 강조되어 의미가 전도된다. 마치 부활이라는 기적이 있기 때문에 예수를 믿는 것처럼 이해되는 것이다. 승리라는 결과가 신앙의 대상이 되어버리는 것이다. 그러니 예수 믿는다고 하면서 예수가 어떻게 살았는지는 관심이 없고 자연의 법칙과 인과관계를 거스르는 기적에만 관심이 있거나, 무어 그렇게 승리하고 싶은지 믿음의 승리를 구한다고 입버릇처럼 말하기 십상이다.

단어의 원래 의미를 따져 문장요소를 재배치한다면, '예수의 부활'이 아니라, '부활한 예수'를 믿는다고 해야 옳다. 주어와 술어와 목적어가 제자리를 찾게 되면 비로소 부활 신앙의 의미가 살아난다. 부활한 예수를 믿는다는 것은 죽음도 거스를 만큼 무모한 사랑을 한 그이, 예수를 우리도 또한 사랑한다는 말이다. 처절하게 우리를 짝사랑하다 죽어간 그이에게 우리의 마음을 준다, 그의 사랑을 완성한다는 말이다. 우리가 그에게 준 상처를 이제는 우리 마음에 새겨 그와 함께 아파한다는 말이며, 자기 자신을 버리고 하느님과의 일치를 이룬 그이처럼 살아가겠다는 다짐이다. 그러므로 부활한 예수를 믿는다면, 그의 삶을 이어가야, 즉 그가 떠나며 남긴 부활한 삶을 살아야 한다. 그이처럼 치열하게 사랑에 몸을 맡기고, 돈이 이룩해놓은 세상의 질서에 균열을 내고, 거짓된 평화로 위장한 위선적인 종교 가치들을 흔들어, 사람 냄새 땀 냄새 나는 삶으로 이행해야 한다. 이행은 파괴와 무니짐을 동반하고 그 혼란은 끝이 없을 듯 보이지만, 그 끝에 새로운 생명의 잉태가 있을 것을, 예수가 그랬듯 무모하게 믿어야 한다. 아득하게 긴 겨울 끝에 봄이 어김없이 돌아와 생명을 쏟아내듯, 죽음의 시절이 아무리 깊고 어두워도 그 끝에는 반드시 삶이 있으리라는 희망을 품고 살아야 한다.

되돌아온 4월 16일, 예수처럼 부활한 삶을 사는 이들이 있다. 세월호 가족들이다. 자식을 바다에 묻는 순간 이미 죽은 그들은, 그러나 죽음을 선택하지 않고 삶으로 돌아왔다. 사랑 때문이다. 자신의 몸을 내어 낳고 기른 사랑하는 아기들의 죽음을 무의미하게 만들 수 없어 어미와 아비들은 살 수밖에 없었다. 자신들이 겪은 참혹한 고통을 또 다른 부모들이 겪게 할 수 없어 그들은 죽음보다 힘든 삶을 선택했다. 그리고 광화문광장에서, 안산 분향소에서, 팽목항에서 외롭고 모진 싸움을 견딘다. 인간이기를 포기한 이들이 던지는 능욕과 수모를 견디며 그들은 가슴에 묻은 아이들을 위해, 그 아이들이 살아야 했을 세상을 위해 자신들의 몸과 마음을 산산이 쪼갠다. 가족들은 그렇게 기꺼이, 예수처럼, 사랑을 선택하여 소멸하는 매개자의 역할을 떠맡고 있다.

이 사랑은 지금 이 순간 혼돈일 수밖에 없다. 죽음의 세상, 정적의 한복판에서 끊임없이 생동하고 꿈틀거리고 소음을 만들어내는 이 삶은 지독한 혼돈일 수밖에 없다. 우리는 이 혼돈 속의 사랑을 준거 삼아 생명을 열어야 한다. 봄을 열어야 한다. '같이 가실 거지요? 끝까지 함께 하실 거지요?' 애타게 묻는 그들의 손을 결코 놓지 않으며, 우리도 함께 부활을 살아야 한다.

일곱 번째 봄, 그대들에게
— 세월호 7주기를 맞으며

'결코 전과 같지 않을 봄'이 일곱 번째 돌아왔습니다. 슬픈 4월, 그대들이 잠긴 차가운 바다가 또다시 우리 마음에 먹먹하게 차오르는데, 꽃은 그해 봄처럼 여기저기서 망울을 틔웁니다. 그대들처럼 천진하게 웃는 노란 꽃들만 보면 우리는 아직도 마음이 저려 발길을 떼지 못합니다. 이제는 드물게 눈에 띄는 손목의 노란 팔찌, 가방 끝에서 흔들리는 노란 리본, 자동차 범퍼의 노란 스티커를 보면 그대들이 돌아온 것 같아 낯선 이라도 낯설지 않고 악수라도 청하며 안부를 묻고 싶습니다. 평안한가요. 그대들 있는 곳은 평안한가요.

그대들이 그토록 사랑하는 가족들이 땅도 바다도 아닌 가슴에 그대들을 묻고 우리 산 목숨들에게 돌아와 버텨온 시간이 7년입니다. 사랑하는 그대들의 죽음을 무의미하게 만들 수 없어 가족들은 죽음보다 힘든 삶을 선택했습니다. 일곱 해가 지났건만, 아직 그대들이 죽어간 이유조차 명확하게 알지 못하는 가족들은 오늘도 외롭고 모진 거리에 섭니다. 그대들이 놓아준 밑불로 이뤄낸 촛불혁명이지만, 아직도 사람 사는 세상의 꿈은 우리에게 아득하기만 합니다. 진상규명, 책임자 처벌이라는 너무나 당연한 요구가, 또 안전과 신뢰가 기반이 되는 사회라는 너무나 기본적인 권리가 왜 이리도 매번 복잡한 절차와 반대 의견에 부딪쳐 무너겨야 하나요. 그 일곱 해의 시간 동안 우리는 또 너무나 많은 아까운 목숨들을 재난 사고로, 안전 불감증으로, 생활고로, 혐오와 편견으로 인한 자살로 잃어 그대들 곁으로 떠나보냈습니다.

그대들을 실은 세월호가 바다로 잠기던 7년 전 그날이 성삼일을 앞둔 수요일이었다는 사실이 우리에겐 해마다 부활의 의미를 되물어야 할 질문으로 돌아옵니다. 부활의 아침에 상처 입은 그대로 돌아온 예수의 몸처럼, 일곱 번째 돌아온 '이전과 같을 수 없는 봄'에는 그대들이 떠난 자리가 남긴 상처가 깊게 남아 있습니다. 흉터가 선연했던 예수의 몸은 제자들에게 어떤 의미였을까요? 고통의 기억 없이 부활은 오지 않는다는 것을 일깨웠겠지요. 그가 십자가에 매달리던 그날의 절망과 회한을 잊지 말아야만 하느님 나라의 희망을 품을 수 있다는 것을 상기했겠지요. 그 기억을 놓지 않았기에 제자들은 예수의 부활을 단지 머리로 믿는 것에서 그치지 않고 그가 남긴 삶을, 그의 부활을 살아낼 수 있었겠지요. 그대들이 남긴 상처도 우리에게 그 남은 자들의 삶을 일깨웁니다. 아픈 기억, 깊은 수치심, 무거운 죄책감을 마주하고 끌어안지 않고서 새로운 세상을 맞을 수는 없다는 것을, 우리가 사는 삶이란 죽음과 부활 양자 택일의 삶이 아니라, 죽음을 기억하는 삶이어야 한다는 것을, 그러기에 더 질기고 더 치열하게 생명에 이르는 길을 선택해야만 한다는 것을요.

이렇게 다시 그대들의 이름을 부르는 일곱 번째 봄이 부끄럽고 안타깝기만 하지만, 우리는 아직 그대들을 잊지 않았습니다. 그리고 외롭고 모진 싸움을 견디고 있는 그대들이 사랑하는 가족들에게 위로와 연대의 손을 건넵니다. 정의롭지 못한 세상의 질서에 균열을 내고, 거짓된 평화로 위장한 위선적 가치들을 흔들어, 사람 냄새 땀 냄새 나는 세상으로 나아가며 그대들을 기억하겠다고 다짐합니다. 겨울이 지나고 봄이 오는 시간은 무심한 듯 보이지만, 실은 그 안에 새로운 생명으로 이행하는 숱한 파괴와 무너짐이 있다는 것을 우리는 압니다. 겨울 끝에 봄이 어김없이 돌아와 생명을 쏟아내듯, 죽음의 시절이 아무리 어두워도 그 끝에는 반드시 삶이 있으리라 희망을 버리지 않습니다. 우리는 이 혼돈 속에서 서로 서로를 버팀목 삼아 생명을 열어갈 것입니다. 봄을 맞을 것입니다. 끝까지 함께할 것이라고 그대들에게 약속했으니까요. 멀리서 우리를 지켜보고 있을, 그대들의 선한 웃음 앞에 부끄럽지 않아야 하니까요. 그대들, 평안을 빕니다.

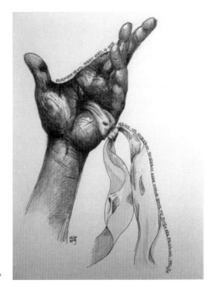

조민아, 〈부활예수의 손〉

성탄 '다음' 날들, 연약한 목숨의 일상

　교회의 전례력으로는 주님세례축일까지 약 2주 동안을 성탄시기로 경축하지만, 세간의 성탄은 전야와 당일에 대단원을 이루고 그 이후로는 식어간다. 그래서인지 뉴욕과 같은 대도시에서 맞는 성탄 다음 날은 어색하고 어쩐지 삭막하기까지 하다. 마치 그날을 위해 일년을 기다려왔던 듯한 모든 것들이 날이 밝음과 동시에 유통기한을 넘겨버리고 의미를 잃는다. 그렇게 달콤하게 들리던 캐럴들이 어느덧 식상해지고, 정성들여 장식했던 트리가 치우기도 귀찮은 애물단지가 되어버린다. 산타와 사슴들이 하루 만에 계약을 만료 당한 채 창고에 처박히고, 백화점과 마트에는 성탄 선물을 반품, 교환하려는 사람들로 북적댄다. 교회와 각종 구호 단체의 요란하던 자선의 손길들도 약속이나 한 것처럼 우르르 철수한다. 마치 모두를 취하게 했던 마법이 풀린 것처럼 성탄 다음 날은 우스꽝스럽기도 하고, 공허하고 쓸쓸하기도 하다.

　성탄 다음 날의 풍경은 실제로 이제 막 세상에 나온 아기와 아기 엄마가 맞는 출산 다음 날 풍경과는 참 많이 다를 것이다. 아기와 엄마에게 출산은 아홉 달 연결되어 있었던 생명의 나눔이며 기대의 결실인 동시에 새로운 시작이다. 시작에는 물론 낯섦과 불편함이 따른다. 가장 익숙하고 편안한 장소였던 엄마의 몸에서 나와 세상에 던져진 아기는 모든 것이 낯설고 힘들다. 먹고 배설하는 기본적인 생존 방식도 배워야 하고, 욕구와 감정을 표현하는 방법도 익혀야 하고, 엄마의 몸에서 떨어진 외로움도 버텨내야 한다. 엄마에게도 낯설고 힘든 시간은 마찬가지이다. 말도 못 하고 울 뿐인 이 작은 사람 하나를 위해 엄마는 자신에게 익숙한 모든 것을 포기한다. 24시간 내내 편하게 몸을 누일 수도 없고, 먹고 싶은 음식을 맘대로 먹을 수도 없고, 생각에 잠길 여유조차 없다. 아기가 아프기라도 하면 자신이 아픈 것보다 더 고통스럽다. 한 인간의 탄생은 매순간 축복이지만 이렇게 큰 책임과 희생을 요구한다. 돌보는 이들의 관심과 헌신이 없다면 이 작고 무력한 생명은 이내 꺼지고 말 것이다. 고귀한 한 생명이 자라기 위해서는 다른 생명들의 자기 비움과 포기가 필요하다. 출산 다음 날은 이렇듯, 전과 다름없는 나날이되 전혀 다른 삶의 방식을 요구하는 새로운 일상의 시작이다.

세상에 오신 아기 예수를 구유에 누인 마리아와 요셉의 '다음 날'도 마찬가지였을 것이다. 제단에 장식되어 있는 구유 속 아기와 아기를 바라보는 젊은 부부는 평화로운 모습으로 영원히 정지되어 있지만, 실은 무척 떨리고 분주한 새 아침을 맞았을 것이다. 천사 가브리엘이 이르길 "하느님의 아들이라 불릴, 영원한 하느님의 나라를 세울" 아기가 이제 세상에 나왔다. 젊은 부부는 온갖 의혹과 오해를 감당하며 아홉 달을 보냈다. 두려움과 떨림으로 기다리던 그 생명이 눈앞에 있지만 부부는 아직 모든 것이 서툴 것이다. 밤새 뜬 눈으로 안절부절못했을 것이고, 마구간 동물들의 소리에 행여 아기가 깨지나 않을까 노심초사했을 것이고, 낯선 곳에서 노숙인이나 다름없는 신세이니 산모의 젖이 마르지 않게 할 하루의 끼니 또한 걱정했을 것이다. 세상을 뒤바꿀 예언은 자기

목조차 제대로 가누지 못하는 힘없는 생명으로 태어나 젊은 부부의 손에 맡겨져, 이들의 일상을 송두리째 바꾸어버렸다. 그리고 그 예언이 자라나 사람들 앞에 서기까지, 부부는 성서에는 기록되지 않은 수많은 불면의 밤들을 보냈을 것이다.

성탄은 연약한 아기로 오신 하느님에 대한 우리의 돌봄과 사랑이 필요한 숱한 일상, 다음 날들의 시작이다. 축제의 화려함은 지난하고 꾸준한 일상을 가려버리지만, 아기가 살아낼 날들은 축제가 아니라 일상이다. 아기의 운명도, 아기가 실현할 약속도 이제 그 일상을 살고 있는 우리에게 맡겨졌다.

그러나 지금 아기가 살아갈 우리의 일상은 일그러져 있다. 아기가 태어나던 그날, 기륭전자 노동자들은 차가운 아스팔트 위에 배를 깔고 바닥을 기어야 했다. 정규직 전환 약속을 거듭 파기한 회사 측에 맞서 근 일 년 사무실 농성을 이어가던 끝에 목숨을 건 오체투지 고행 길에 나선 것이다. 오늘 우리들이 겪고 있는 일상의 모습이다. 그보다 며칠 전, 해고자 복직을 요구하던 쌍용자동차 평택 공장의 노동자들은 또다시 70미터 높이의 굴뚝에 올랐다. 이날 또 한 명의 해고노동자가 투병 끝에 숨을 거두었다. 2009년 정리해고 후 스물여섯 번째 죽음이다. 그리고 4월 16일, 304명의 싱그러운 생명들을 한꺼번에 앗아간 세월호 참사는 여전히 진행중이다. 아이들이 죽어간 이유를 알고 싶다는 부모들의 절규는 자꾸 공허한 메아리가 되어 돌아온다. 팽목항에는 아홉 명의 실종자들을 기다리며 아직도 잔인한 봄을 살고 있는 가족들이 있는데, 수색을 포기하는 것도 모자라 이제 인양마저 포기하겠다는 이야기가 새어 나온다. 수백 일째 돌아오지 않는 우리의 일상이다.

비틀려진 현실 속에서 우리는 이렇게 비일상을 일상처럼 살아간다. 힘 가진 소수들은 우리더러 말로는 일상으로 돌아가라 하지만 실은 축제에 영원히 취해 있기를 원한다. 축제를 꿈꾸며 일상의 고통을 잊으라 한다. 부당한 노동조건은 좋은 경험이니 나중에 이로울 약이 될 것이라 한다. 과거사도 잊고 이웃의 고통에도 눈감고 앞만 보고 달려가다 보면 신나는 축제가 곧 다시 펼쳐질 것이라 한다. 안정과 경제 성장이라는 축배를 들기 위해 잠깐의 고통 정도는 잊으라 한다. 그들만의 축제를 위해 우리는 약에 취한 듯 이 비일상적인 일상을 견뎌내고 있다.

이 참담한 일상으로 아기가 태어났다. 아기가 세상에 온 성탄 이후 일상은 그 전의 일상과 결코 같을 수 없다. 축제로 흥청거리던 비일상을 아기는 치열하게 살아야 할 일상으로 되돌린다. 아기는 우리에게 자신의 순전한 눈으로 세상을 보고, 자신의 연약한 피부로 세상을 느끼길 요구한다. 끊임없이 주시하고, 작은 몸짓까지 기억하고, 즉시 반응하기를 요구한다. 아기와 함께하는 일상은 이렇게 우리 눈과 몸짓과 감수성의 근본적인 변화를 촉구하는 것이다. 이제 일상의 주인은 이 작고 무력한 아기이다. 이 일상은 이전과 같을 수 없다.

젊은 부부는 아직 추운 거리에 머물러 있다. 아스팔트 바닥 위에 배를 깔고, 별이 가까운 고공 탑에서 칼바람을 견디며, 겨울 바다 팽목항을 떠나지 못하고 아직 그곳에 있다. 이 '일상' 속에 태어난 아기를 먹이고 품고 길러야 할 것은 바로 우리들이다. 우리의 삶이 아기로 오신 하느님께 빚지고 있듯, 연약한 이들의 희망이 꺼져버린 세상에는 우리의 희망도 없기 때문이다. 핏덩이 아기가 실현할 예언은 아직 너무 가냘퍼 들릴 듯 말 듯, 울음소리로 터져 나올 뿐이다. 우리의 돌봄이 없다면 아기는 이 겨울을 나지 못할 것이다. 아기의 울음에 즉각적으로 반응하듯, 연약한 목숨들의 아픔에 즉각적으로 반응해야 한다. 아기를 위해 마음과 몸을 내어주듯 약하고 서러운 이들에게 주권을 돌려야 한다.

이제, 새해가 밝았다. 다시, 일상이다. 지난해와 같지 않아야 할 일상이다. 엄마가 되고 아빠가 되어 춥고 지친 아기를 안고 업으며, "종이로 등을 만들어 손에 들고, 사방 눈 가린 안개를 헤치고 헤쳐" 기도를 드리며 아기를 돌보아야 할 우리의 일상이 다시 시작되었다(이효녕, 「성탄절에 올리는 기도」에서).

빈 무덤 안에서 보내는 사순 시기

코로나 바이러스 감염증19의 본격적인 유행과 더불어 미사가 잠정 중단되는 초유의 사태가 발생했다. 따라서 우리는 영성체를 하지 못하는 특별한 사순 시기를 보내고 있다. 마치 그이의 몸이 사라진 빈 무덤 안에 들어와 기약 없는 새벽을 기다리고 있는 듯하다. 감염의 공포가 내려앉은 어두운 무덤 안에서 우리는 서로를 어루만질 수도, 얼굴을 맞댈 수도, 밥상을 마주할 수도 없다. 긴 시간 홀로 암흑을 대면해본 이들은 알 것이다. 빛이 사라진 적막한 공간 속에 침잠하면 민망할 만큼 낱낱이 들여다보이는 것은 나 자신이다. 어쩌면 이 시기는 빛의 저편에 숨어 있던 우리 내면의 어둠을 비로소 응시하게 하는 깊은 초대인지도 모른다.

십자가에 못박혀 죽은 그이가 묻힌 그날, 죽음을 목도한 이들의 가슴 속에도 감염증이 지나간 텅 빈 거리처럼 무거운 침묵이 흘렀을 것이다. 그들은 슬픔과 수치와 두려움에 눌려 몸을 숙이고, 오늘 우리처럼 낱낱이 드러나는 자신의 어둠과 마주하고 있었을 것이다. 그 시간 그이는 흉터 가득한 몸을 끌고 무덤을 떠나 어딘가로 향한다. 가톨릭 사도신경의 한글 번역은 '저승'에 간 것으로 전하는데, 이 '저승'이라는 구절을 자세히 들여다보자. "저승에 가시어"라는 표현에 상응하는 그리스어 사도신경은 "κατελθόντα εἰς τὰ κατώτατα"로, 직역하면 "낮은 곳으로 가시어"도 가능하지만 "낮은 자들(κατώτατα)에게 가시어"로도 읽을 수 있다. 즉, 장소를 지칭할 뿐 아니라 낮은 곳의 영에 초점을 맞춘 읽기도 가능하다. 라틴어 번역은 시대에 따라 조금씩 차이를 보여 "inferna" 혹은 "infernum" 등으로 바뀌기도 하지만, 트렌트 공의회를 통해 바티칸에서 인정한 표현은 "descendit ad inferos"로, 그리스어와 마찬가지로 특정한 장소뿐 아니라 낮은 곳의 영들에게 가신 것으로도 해석할 수 있다. 한글과 영어를 비롯한 많은 번역에서 군이 장소 개념을 차용하는 이유는 히브리 성서와 신약 성서에 등장하는 셰올, 하데스 등 사후세계 개념과 맥락을 맞추려는 시도로 보인다. 그러나 장소가 아니라 사람을 중심으로 번역하면 그 밤, 숨 막힐 듯한 적막 속에서 그이가 "복음을 전하기 위해"(1베드 4, 6) 향한 곳에는 낮은 사람들, 천대와 괄시 끝에 버림받은 가난하고 여윈 사람들, 죽음에서도 안식을 찾지 못한 이들이 있었다. 하긴 아직 살아 있으되 채 살지 못하는 이들, 이미 죽었으되 차마 죽지 못한 이들이 사는 곳은 삶과 죽음이 겹친 곳, 림보limbo(古聖所) 혹은 저승과 다름없을 것이다. 지금은 잘 사용하지 않는 성 토요일 옛 전례문에 따르면, 무덤을 비운 밤과 낮 그이는 가장 낮은 이들에게 내려가 두려움에 떨고 있는 그들의 손을 잡고 일으키며 이렇게 말한다. "자는 자여 깨어나라. 죽은 자 가운데서 일어나라. 내가 네게 빛을 주리라."

감염증의 첫 희생자가 된 고인을 우리는 청도 대남병원의 '무연고자 A씨'로 기억한다. 정신병원 폐쇄병동에서 살아 있으되 살지 못했던 A씨와 다른 여섯 명은 고인이 되어서야 비로소 '무연고자'들로 우리의 기억에 남았다. 그들은 감염증의 희생자이기 이전에 차별과 혐오의 희생자들이다. 우리 사회가 만든 림보에 갇혀 자신의 한평생을 거부당하고도 부당하다는 말 한마디 못 한 채 결국 죽음을 맞았다. 그들이 고열과 기침으로 죽어가던 날조차 우리는 서로를 손가락질하며 책임을 전가했지만, 그이는 묻히던 그날처럼 무덤을 떠나 바로 그 낮은 곳 낮은 이들, 대남병원의 무연고자들과 함께 있었을 것이다. 알브레히트 뒤러의 판화에서처럼 무릎을 꿇고 팔을 뻗쳐 쓸쓸한 이들의 영혼을 건져 올렸을 것이다. 너무 늦게 우리에게 들려온 '무연고자'라는 가련한 이름은 어쩌면 그들이 림보에서 올라와 그의 가슴에 안기는 순간 터져 나온 가느다란 탄식이었을지도 모른다. '무연고자', 그 이름이 이제 우리에게 닿아 어떤 의미가 되기를 요구한다.

혐오는 여전히 멈추지 않는다. 감염증 확산과 더불어 더욱 심각하게 드러나는 우리 사회의 병폐는 혐오다. 초기에는 중국인들과 재한 중국인들을 공략하던 혐오가 즈음에는 특정 종교와 관련된 이들을 향하고 있다. 물론, 함께 살아가는 사회에서 마땅히 지켜야 할 책임을 방기한 채 불합리하고 비겁한 행동을 한 그들에게 책임을 묻는 것은 당연하다. 그러나 나는 잘못을 따지기 앞서 안타깝고 부끄럽다. 그 종교를 믿는 대다수의 신자들이 전에 다니던 교회에 실망하거나, 혹은 신앙적 호기심과 열정을 발산할 곳을 찾다 결국 그곳에 머물게 되었다는 사실이 안타깝다. 또 그 많은 이들이 그 종교에 관심을 갖게 되었던 이유가 사람에 대한 지극한 정성과 배려에 감동해서였다는 사실이 부끄럽다. 왜 우리는 그들의 호기심과 열정을 품지 못했으며, 그들의 외로움을 보지 못했을까? 이제 우리가 그들을 더 혐오하고 배제하고 고립시킨다면 그들은 결국 유령처럼 사회의 낮은 곳을 떠돌다 그늘만의 림보에 영영

간혀버릴지 모른다.

대남병원의 무연고자들과 신천지는 모습은 다르지만 둘 다 빈 무덤의 어둠 속으로 소환된 우리 자신의 그림자요, 어둠이다. 우리의 혐오, 차별, 배제가 사회의 가장 낮은 곳으로 흘러 낮은 자들의 삶을 파괴하다 이제 이 빈 무덤의 시간에 당황스러울 만큼 많은 숫자의 죽은 영으로 돌아오고 있다. 이름도 얼굴도 없는 숫자로 말이다. 이 빈 무덤의 시간이 언제 끝날지 모른다. 그러나 우리가 우리 자신의 어둠과 그림자를 마주하지 못한다면, 찍어내고 도려내기보다 성찰하고 치료하지 않는다면, 파스카의 새벽이 밝아 다시 제대 앞으로 모인다 할지라도 그이는 돌아오지 않을 것이다. 여전히 무덤을 비운 채 어둠과 죽음의 그늘 가운데 살아가는 잃어버린 양들을 찾고 있을 것이므로.

알브레히트 뒤러, 〈그리스도 림보로 내려가시다(Christ's Descent into Limbo)〉 (목판화, c. 1510)

기이한 부활 선포, "붙잡지 말라"

텅 빈 성 베드로 광장을 프란치스코 교종이 걸어간다. 어둠이 깔리고 비까지 내려 더 공허한 광장에 홀로 선 여든네 살 노사제의 기도가 적막을 흔든다. "당신께 간절히 청합니다. 잠을 깨십시오 주님!" 을씨년스러워 보이기까지 하는 거대한 성전 앞에 선 그의 모습이 예수가 죽어묻힌 빈 무덤을 홀로 지키던 마리아 막달레나와 겹친다. 마리아도 그날 밤 그렇게 기도하고 있었을까. 두려움과 외로움에 떨며, 한 치 앞도 내다볼 수 없는 미래에 몸서리치며, "우리는 모두 길을 잃었습니다. 잠을 깨십시오 주님" 하며 흐느끼고 있었을까. "다시 살아나리라" 했던 죽기 전 그이의 말은 마리아에게 무슨 의미였을까. 희망이었을까, 믿음이었을까, 아니면 부질없는 위로였을까.

길고 긴 밤이 지난 부활 새벽, 예수는 마리아 앞에 살아 돌아와 모습을 드러낸다. 요한복음이 묘사하는 이 기적의 순간은 그러나 부활 성야 미사처럼 극적이고 웅장하지 않다. 그이는 평범하고 남루한 동산지기 사내의 모습으로 돌아왔고, 그토록 간절히 기도하던 마리아는 심지어 그를 알아보지 못한다. "마리아야" 하고 이름을 부르는 음성을 듣고서야 그의 존재를 알아챈 그녀는 "선생님" 하고 응답하며 그를 붙잡기 위해 손을 뻗는다. 누구라도 그랬을 것이다. 죽은 줄 알았던 사랑하는 이가 살아 돌아왔다면, 간절한 기도의 결과가 눈앞에 있다면. 그러나 그이의 반응은 낯설고 어색하기 그지없다. 그이는 안타까운 마리아의 손을 거부하며 말한다. "내가 아직 아버지께 올라가지 않았으니 나를 붙잡지 말고 어서 내 형제들을 찾아가거라. 그리고 '나는 내 아버지이며 너희의 아버지 곧 내 하느님이며 너희의 하느님이신 분께 올라간다'고 전하여라."(요한 1, 17)

무덤 앞을 밤새 지키던 마리아에게, 또 그의 부활을 간절히 기다리던 오늘 우리에게 그이가 처음 건네는 부활 메시지는 실망스럽다. 고통과 죽음이 이렇게 끝도 없이 세상을 덮고 있는데, 주일 전례에 참여하지 못한 지 어느새 두 달이 가깝고, 고해성사와 영성체도 하지 못한 채 성주간을 보내고 부활을 맞는데, 이 폭발할 듯한 공포와 무력감을 벗어나기 위해 무엇이든 간절히 붙잡고 싶은데, 그이는 말한다. 붙잡지 말라고. 이 기이한 부활 선포는 오늘 우리에게 무엇을 의미하는가.

재앙을 겪고 있는 세상은 격변을 예고한다. 패러다임의 전환이다. 코로나 팬데믹이 언제 어떻게 사라질지 아직 아무도 예측할 수 없지만, 팬데믹 이전의 세상과 이후의 세상이 결코 같지 않으리라는 것만큼은 확실해 보인다. 그 변화는 정치, 경제, 노동, 교육, 환경, 외교, 그리고 일상에서 서로 만나고 소통하고 관계를 이루는 방식에까지 삶의 거시적 측면과 미시적 측면을 아우르며 이미 일어나고 있다. 종교 공동체에 요구되는 변화는 더욱더 본질적이다. 전 지구적 위기를 겪으며 사회가 종교에 요구하고 있는 것은 고통과 죽음을 이길 처방이나 기적, 지혜가 아니다. 신이 무엇을 하고 있는지, 깨달음이 무엇인지 세상은 더 이상 궁금하지 않다. 세상이 종교에 요구하는 것은 단지 '보이지 말라'는 것이다. 종교의 정체성과 존재 근거를 흔드는 이 '모이지 말라'는 세상의 요구가 '붙잡지 말라'는 그이의 요구와 함께 오늘 우리에게 부활의 의미를 묻는다.

파스카는 죽음이 새 생명으로 변화하는 신비다. 예수의 삶과 부활 사이에는 죽음이라는 단절이 있다. 죽음 이전의 삶과 죽음 이후의 삶은 다르다. 살아 숨쉬던 명징한 진리, 예수가 죽음을 거쳐 우리에게 돌아왔을 때, 그이는 우리가 붙잡고 매달릴 수 있는 진리로 남지 않았다. 그는 자신의 몸을 부수어 생명의 떡이 되어 우리 삶 안으로 돌아왔다. 부활 이후의 그이는 오로지 우리의 삶을 통해 존재한다. 데레사 성녀의 고백처럼 그이는 우리의 팔과 다리를 통해 움직이고, 우리의 눈과 입을 통해 세상과 소통한다. 그러므로 빈 무덤 앞, '붙잡지 말라'는 그의 말은 우리가 그를 믿고 그의 복음을 선포하는 방식에 대한 근본적인 변화를 요구한다.

오늘, 팬데믹의 공포와 혼란 속에서 들려오는 그 부활 선포는 교회가 겉으로 보여지는, 붙잡을 수 있는 진리가 아니라 본질로, 생명으로, 그이가 살아 숨쉬는 삶의 한가운데로 돌아가야 한다는 준엄한 요구다. 각 교구들이 팬데믹 확산을 막기 위해 잠정적으로 미사를 중단한 것은 단지 교회가 사회의 요구에 협조했기 때문에 잘한 일이 아니라, 건물과 형식에 얽매이지 않고 생명의 요구를 따랐기 때문에 잘한 일이다. '모이지 말라'는 세상의 요구 속에서 '붙잡지 말라'는 그이의 요구를 들었기 때문에 잘한 일이다. 나아가 온라인으로, 영상으로, 사진과 노래와 이야기와 유머로, 공간과 장소의 한계를 넘어 서로 만나고 위로하는 신자들과 사제들의 모습을 보면서 나는 감염증이 만들어낸 죽음의 공포와 단절을 넘어, 껍데기를 벗고 삶으로 깊숙이 살아오는 그이를 본다.

감염증이 걷힌 후 더욱 명확해질 세상의 변화 속에서 복음을 선포할 수 있는 교회는 이렇게 '붙잡지 말라'는 그이의 청을 따르는 교회라고 나는 믿는다. 제도와 형식과 절차를 붙잡고 권위를 세우는 교회, 세상 저편의 천국을 담보 삼아 신자들을 모으는 교회, 영적·도덕적 편협에 묶여 우리와 너희를 가르는 교회는 죽음 이전의 삶에 머무는 교회다. 스스로 성곽을 허물고 세상으로 들어와 수천수만의 연약한 생명들을 보듬고 이어주는 교회, 넉넉하고 결이 성글지만 질기고 튼튼한 바구니와 같은 교회가 파스카의 신비를 살아가는 교회다. '교회가 진리를 갖고 있다'고 천명하지 않고, 교회도 부족하고 혼란스러우니 당신들의 팔과 다리와 눈과 입이 필요하다고 말할 수 있는 교회 말이다. 가르치고 훈육하고 벌주는 교회가 아니라 세상의 가장 낮은 곳으로 들어와 세상의 폭력과 분노와 외면 속에 탄식하는 연약한 인간으로 오신 하느님 그이를 발견하고, 그렇게 상처받은 세상을 위해 십자가에 달릴 수 있는 교회, 그러나 그이가 그랬듯 삶으로 살아오는 교회 말이다.

성 베드로 광장의 프란치스코 교종 (2020. 3. 27.) Reuters/Guglielmo Mangiapane

그분께서는 커지셔야 하고 나는 작아져야 한다

프랑스 알자스 지방의 운터린덴 박물관에는 이젠하임 제단Isenheim Altarpiece라고 이름 붙여진 장엄한 예술 작품이 있다. 독일 출신의 조각가 니콜라우스 하게나우어Nikolaus Haguenauer(1493-1526)와 화가 마티아스 그뤼네발트Matthias Grünewald(1470-1528)가 공동 작업하여 완성한 이 제단화의 백미는 그리스도의 십자가 처형을 묘사한 그뤼네발트의 목판 유채화이다. 이젠하임이라는 작은 마을의 성 안토니오 수도원 병원에 있었던 그림을 옮겨놓은 것인데, 이 병원은 중세시대 소외된 병자들을 치료하는 것을 소명으로 여겼던 수도사들이 설립한 병원이었다. 그중에서도 맥각병을 앓고 있는 환자들이 특히 많았다고 하는데, 이 병은 호밀·보리 등에서 발생하는 곰팡이 균으로 인해 오염된 빵을 먹었을 때 감염되는 병으로 주로 가난한 사람들을 위협하던 질병이었다. 영양이 결핍되어 면역력이 떨어진 데다 썩은 빵까지 먹은 환자를 공격해 그의 피부를 먼저 손상시킨 후, 곪은 상처를 통해 안으로 파고들어 혈관과 신경을 파괴하고 고열과 경련, 환각 등을 일으키다 결국 죽음으로 몰고 간다.

그뤼네발트는 십자가에서 죽어가는 그리스도를 묘사하며 앙상하고 쇠약해 보이는 그의 몸에 맥각병으로 보이는 상처들을 그려 넣었다. 당시로 보면 십수 세기 전의 십자가 사건을 재해석하여 그리스도의 고통과 가난한 이들의 고통을 유비시킨 창의적이고 도발적인 시도였다. 수도원 병원으로부터 위촉받은 작업을 하면서, 그 병원에서 맥각병으로 죽어가던 환자들이 자신들이 겪는 고통을 함께 느끼며 죽어가는 그리스도의 모습을 보고 위로와 희망을 찾기 바랐던 예술가의 간절한 마음, 공감의 마음이 그림 안에 담겨 있다. 그뤼네발트는 죽어가는 그리스도 옆에 세례자 요한 또한 그려 넣었다. 요한은 뼈만 남은 손가락으로 그리스도를 가리키고 있고, 그의 옆에는 라틴어로 성서 한 구절이 적혀 있다. illum oportet crescere me autem minui. 그분께서 커지셔야 하고 나는 작아져야 한다(요한 3, 30). 고통을 짊어지고 죄인의 모습으로 한없이 작아진 그리스도 옆에서, 썩은 빵을 먹고 죽어가는 환자들 옆에서, 그뤼네발트의 요한이 말하고 있다. 그분께서 커지셔야 하고 나는 작아져야 한다.

오늘 성서 본문의 예수는 낮아지고 작아지라는 복음의 말씀을 몸소 드러내고 있다. 이른 아침 성전에서 하느님 나라를 가르치고 있는 그의 앞에 율법학자들과 바리사이들이 들이닥친다. 간음현장에서 발각된 두 사람 중 여인만을 잡아 끌고 온 걸 보면 이들은 국법인 모세 율법에 따라 죄를 묻고 처형하는 절차에는 별로 관심이 없었던 듯 보인다. 예수님을 궁지에 몰아 공개적으로 망신을 주고 제거하려는 게 그들의 목적이었다. 바리사이들과 율법학자들의 머릿속엔 성마른 말들이 가득 차 있었을 것이다. 예수님이 무슨 말을 하든 반박할 논리가 준비되어 있었을 것이다. 그가 여인의 공개처형을 반대하면 위법자로 몰아세우고, 반대로 공개처형을 찬성한다면 위선자로 몰아세우려 했을 것이다. 그들은 말을 칼과 창으로 사용하던 자들이었다.

그런데 현장에서 잡혀온 여인을 보자. 여인은 말을 박탈당했다. 간음 현장에서 붙잡혔을 때부터 그 자리에 있었을 상대 남성과는 달리 여성이라는 이유로 그에겐 자신의 입장을 표현하고 항변할 말이 허락되지 않았다. 발언이 허락되지도 않았거니와, 이 상황에서 무슨 말을 한다고 한들 말과 글의 전문가들인 율법학자들과 바리사이들을 설복할 수 없었을 것이다. 이 여인은 사랑을 선포한다고 알려져 있는 예수님에게조차 자신의 이야기를 털어놓을 수 없었을 것이다. 그 또한 말의 힘으로 살아가는 이라고 생각했을 것이다. 언어는 그 자체 권력이다. 힘 있는 자들의 질서로 세밀하게 직조되어 있는 상징체계다. 간음이라 이름 붙은 현장에서 홀로 죄를 뒤집어쓰고 끌려와 수많은 남성들에 둘러싸여 손가락질당하고 있는 이 이름 모를 여성, 그는 하고 싶은 말을 할 수도 없고, 그의 말을 들어줄 이 또한 옆에 세울 수 없다.

예수는 이 말을 박탈당한 여인을 앞에 두고 당신의 말을 포기한다. 율법학자들과 바리사이들뿐 아니라 예수도 언어 사용에 탁월한 이였다. 그는 독특한 화법과 율법 해석으로 전통주의자들의 허를 찌르고, 쉽고도 수려한 비유로 하느님 나라를 그리곤 했다. 그러나 예수는 말을 빼앗긴 여인 앞에서 말을 내려놓고, 대신 몸을 굽혀 여인의 침묵에 동참한다. 그가 손가락으로 땅에 쓴 것이 무엇이었는지는 모르지만, 복음서 기자가 관심 있었던 것은 그가 땅에 쓴 글귀가 아니라, 낮아지고 작아진 그의 몸짓과 침묵이었던 것 같다. 침묵을 강요당한 여인 앞에서 예수는 자신의 기득권을 내려놓았다. 그는 말을 빼앗긴 여인의 대변자가 되기에 앞서 우선 여인과 같은 처지가 되어 낮아지고 작아지길 자처하여 대신 여인의 존재를 드러낸 것이다. 율법학자들과 바리사이들 앞에서 여인을 항변하며 아무리 정교하고 웅장한 말로 맞서본들, 정작 말을 빼앗긴 여인의 존재는 더 작아질 뿐이다. 오고 갈 말의 내용뿐 아니라 그 말의 형태 속에 더 날카롭게 쏟아져 나올 공격성, 상대방의 말을 부수기 위해 내 말의 칼날을 갈아야 하는 논쟁의 순리, 그 가운데 끊임없이 대상화되어 더 작아지고 더 비참해질 여인 앞에서 예수는 말을 버림으로써, 말을 빼앗긴 이와 침묵으로 연대함으로써 언어 권력자들의 논리를 끊어버리고 그들의 질서를 흔들어버린 것이다.

말과 문자가 범람하는 세상에 우리는 살고 있다. 온라인 오프라인으로 내뱉어진 말들은 주인 없이 떠돌며 거칠고 날카로워져 의심과 불신을 피워 올리고, 공동체를 무너뜨리고, 사람을 죽이기도 한다. 저마다 확인되지 않은 '사실'과 합리성과 당위성을 내세우며 끊임없는 제 주장을 펼치는 그 말들의 주인들은 대부분 '부끄러움'이란, 혹은 '책임감'이란 양심의 소리를 이미 들을 수 없게 되어버린 듯하다. 자신의 말에 묻혀 들을 귀를 잃어버린 것이다. 때로 침묵으로 소통하시는 하느님을 우리가 들을 수 있는 길은 침묵이다. 우리가 말을 내려놓을 때, 스스로 작아질 때, 비로소 당신의 존재를 비워 '조용하고 여린' 생명의 소리와 고통의 소리를 듣게 하시는 하느님의 음성을 들을 수 있다.

마티아스 그뤼네발트, 이젠하임 제단화

빛의 열매

　그녀가 미국에 체류하게 된 지 이제 3개월이 되었다고 했다. 그녀의 고향 에티오피아에서는 지난 1년간 전쟁이 이어지고 있다. 에티오피아 정부와 반군 티그라이 인민해방전선(TPLF)이 대화를 거부하고 서로 군 사력을 키우며 치킨게임을 벌이는 동안, 국민들은 끔찍한 지옥을 견뎌내고 있다. 민간인, 정부군, 반군 사망자까지 합칠 경우 수만 명이 목숨을 잃었다고 하는데 정확한 희생자 집계마저 어렵다. 피난민 신세로 전락한 이들은 250만 명이 넘고, 수년째 이어진 기근으로 식량 공급도 끊겼다. 광폭해진 군인들은 미성년자를 포함한 여성 수백 명을 강간하고 남성들은 무자비하게 살해했다. 신문에서 읽었던 이 참혹한 이야기들은 그녀가 고향에 남겨두고 온 가족들과 친구들의 이야기였다.

　그녀를 알게 된 것은 한국에 있는 친구를 통해서였다. 이러이러한 처지에 있는 이인데 도움을 줄 수 있겠냐는 청을 받았고, 마침 살고 있는 지역이 가까워 어렵지 않게 연락이 닿았지만, 내가 딱히 도울 수 있는 일이 없었다. 그저 마음을 터놓고 이야기 나눌 수 있는 친구가 되는 일이 내가 할 수 있는 일의 전부였다. 선한 얼굴의 그녀를 처음 만났던 날, 그녀는 에티오피아에 있는 남동생이 바로 일주일 전에 목숨을 잃었다고 했다. 마음을 추스르기가 너무 힘들다고, 마스크 위로 번지는 눈물을 훔치는 그녀에게 나는 어떻게 위로를 건네야 할지 몰라 가만히 등을 쓰

다듬어주었다. 살 수 있는 사람만이라도 살아야 한다고, 자신의 등을 떠밀어 망명을 보낸 채 고향에 남아 있는 가족들의 생사를 매일같이 확인해야 하는 그 고통을 나는 감히 헤아릴 수조차 없었다.

정교회 신자인 그녀는 마음을 기댈 공동체를 아직 찾지 못하고 있었다. 에티오피아 이민자가 많은 워싱턴 DC에서 정교회 공동체를 찾는 것은 어렵지 않지만 다들 정치적인 입장으로 분열되어 갈 때마다 상처를 받곤 해 차라리 나가지 않는다고 했다. 지난 주말, 나는 기도할 곳을 찾는 그녀를 데리고 내가 아는 성당을 찾았다. 함께 초를 밝히고 무릎을 꿇으며, 무엇을 위해 기도했으면 좋겠냐고 물었더니, 남동생의 영혼을 위해, 또 에티오피아의 정치 지도자들이 대화를 시도하도록 빌어달라고 했다. 우리는 나란히 앉아, 전쟁과 폭력과 증오의 세상에서 목숨을 잃은 그녀의 남동생과 또 모든 애처로운 영혼들이 하느님의 사랑 안에서 영원한 안식을 찾기를, 또 기근으로 갈라진 땅처럼 메마르고 분열된 세상에 하느님의 평화와 치유가 깃들기를 기도했다. 오후를 함께 보내고 각자 집으로 향하는 길에서 그녀는 그 선한 얼굴이 더 선해 보이는 웃음을 띠며 또 만날 날을 약속했다.

집으로 돌아오는 기차 안에서 나는 그녀의 선한 웃음을 오래 생각했다. 그 웃음은 폭력과 증오의 세상에서도 결코 파괴될 수 없는 인간의 존엄을 보여주고 있었다. 그러면서 나는 또, 바오로 사도가 에페소인들에게 전하는 권고에서 선포했던 내용을 떠올렸다. 그가 '빛의 자녀'답게 살아야 한다고 했던 구절이다. "여러분이 전에는 어둠의 세계에서 살았지만 지금은 주님을 믿고 빛의 세계에서 살고 있습니다. 그러니 빛의 자녀답게 살아야 합니다. 빛은 모든 선과 정의와 진실을 열매 맺습니다."(에페 5, 8-9) 에페소서의 바오로 사도는 그리스도인들의 삶의 목적이 하느님과 하느님의 백성 사이에 벌어지는 '대심판'을 통해 완성될 것이라 선포하지 않는다. 하느님의 은총은 심판, 징벌, 보상 등의 법적 범주가 아니라 그리스도인들의 삶을 통해 실현된다는 바오로 사도의 신학이 두드러지게 나타나고 있는 것이다. 마지막 때의 승리를 통해서가 아니라, 착하고, 의롭고, 진실한 삶을 통해 열매를 맺는 것이 그리스도인들의 삶이다. 따라서 그리스도인들은 폭력과 증오의 세상에 산다고 하여 폭력과 증오를 입지 않으며, "열매를 맺지 못하는 어둠의 행위에 끼어들지"(5, 11) 않는다. "빛을 받아 드러나면 빛의 세계에 속하게"(5, 13) 된다는 믿음, 결국 어둠을 물리치는 것은 빛이신 하느님만이 하실 수 있는 일이므로, 사람이 할 수 있는 일은 그 빛을 삶을 통해 드러내는 것이라는 믿음이 그리스도인의 정체성이다. 그리고 그 정체성은 삶을 지탱하는 힘이기도 하다. 내 친구가 그 착하고 의롭고 진실한 웃음으로 보여주었듯이 말이다.

바오로 사도가 그토록 애정과 열정을 담아 선교했던 에페소 교회는 그가 체포되어 순교한 직후, 그의 제자 디모테오가 맡았다가 그마저도 순교한 후 사도 요한이 맡아 돌보게 된다. 예수가 십자가에 달릴 때 부탁한 말을 따라 평생 그의 어머니 마리아를 모시고 살던 사도가 노구의 마리아를 모시고 정착했던 곳이 에페소 교회다. 사도 요한은 에페소인들을 향해, 당신들의 "수고와 인내를 잘 알고" 있다고 말하며, "악한 자들을 용납하지 않은 것"과 "허위를 드러낸 것"과 "참고 견디어냈으며 낙심하는 일이 없었던 것"(요한 묵시록 2, 2-3)을 칭찬하지만, 당신들은 "처음에 지녔던 사랑을 버렸다"고 책망하고 있다. 오랜 이단 시비와 진리 검증을 통해 시시비비를 가리고 분별하는 능력은 뛰어났지만, 하느님에 대한 사랑, 사람에 대한 사랑은 싸늘하게 식어가고 있었던 에페소 공동체를 한탄하고 있는 것이다. 그들은 미움과 배제와 분열을 하느님의 정의로 오해하여, 삶을 통해 사랑이신 하느님을 드러내야 하는 그리스도인의 본분을 잊고 있었다.

사도 요한이 에페소인들에게 간곡하게 당부한 것은 사랑이었다. "우리는 서로 사랑합시다. 사랑은 하느님께로부터 오는 것입니다. 사랑하는 사람은 누구나 하느님께로부터 났으며 하느님을 압니다."(요한일서 4, 6-7) 에페소 교회뿐 아니라 오늘날의 그리스도인들 또한 새겨들어야 할 당부다. 곧 대림이 시작된다. 한 해를 마무리하는 시기이다. 남은 나날에는 그리스도인의 삶의 본분, 즉 사랑을 내 마음으로부터 일깨워보는 건 어떨까. 그러기 위해 전쟁과 폭력으로 세상을 떠난 수많은 목숨들을 위해 촛불을 밝히고, 차별과 증오로 인해 사회의 위험한 변두리로 내쳐진 목숨들에게 다가가 따뜻한 손을 내밀어보는 것은 어떨까.

피난 간 소 떼

'유례없는'이란 표현이 2020년에는 식상한 말이 되어버렸다. 유례없이 빠른 속도로 전 지구를 초토화시킨 역병, 유례없는 경제 위기와 실업난에 이어, 유례없이 큰 규모로 빈번하게 일어나고 있는 기후 재앙이 세상을 위협하고 있다. 가뭄과 폭염이 원인이 되었던 호주의 초대형 산불은 올해 초까지 계속되며 상상을 초월할 정도로 많은 야생동물들의 목숨을 앗아갔고 무려 4억 3천만 톤의 온실가스를 배출시켰다. 유럽을 넘어 러시아 극동까지 펄펄 끓는 폭염이 계속되는 동안 시베리아 일부 지역에서는 수은주가 급강하하며 때 아닌 눈이 내리기도 했다. 폭발적으로 개체 수가 증가하며 습격의 강도를 높이는 바람에 '마른 쓰나미'라는 별명이 붙은 아프리카의 메뚜기 떼는 하루 3만 5천 명분의 식량을 해치우며 파키스탄과 인도까지 영역을 넓히고 있다고 한다. 그리고 지난 5월 말부터 동아시아 각 지역에 물 폭탄을 떨어뜨리던 장마 전선은 이제 한반도를 덮쳐 역대 최대 규모의 폭우 피해를 입히고 있다. "실핏줄 같은 개울물들이 끊기지 않고 모여 흐르며"(김용택, 「섬진강 1」에서) 살아 있는 것들을 보듬고 이어주던 고즈넉한 섬진강이 시뻘건 흙탕물이 되어 화개 장터를 삼켰다.

참담한 마음으로 이어지는 피해 소식을 읽던 와중 나는 전남 구례의 피난 간 소 떼 이야기에 멈춰 한참을 머물렀다. 섬진강 홍수로 물에 잠긴 축사를 탈출해 도보로 한 시간은 족히 걸리는 해발 531미터의 사성암을 찾은 소들 이야기 말이다. 빗물이 다리까지 차오른 축사를 벗어난 녀석들이 이끄는 이도 없이 아스팔트와 산길을 저벅저벅 함께 걸어 찾아간 곳이 잡아먹힐 걱정 없는 스님들의 품이었다는, 우연이라 하기엔 너무 다행스러우면서 또 슬프고 가여운 이 이야기가 내겐 어쩐지 우리 시대의 우화처럼 들린다. 녀석들도 이미 알고 있을지 모른다. 이 '유례없는' 기후 재난이 실은 숱한 유례가 있었던, 오히려 멈춘 적이 없었던 인간의 욕심으로 비롯되었다는 것을. 그 살육의 역사에 결국 인간들도 스스로 잡아먹힐 위기에 처해 있다는 것을.

이미 알려졌듯, 2020년 지구의 불바다와 물바다, 그리고 코로나 팬데믹의 공통적인 원인은 인간의 탐욕으로 인한 지구 온난화, 땅의 황폐화, 야생동물 수렵, 자원 고갈이다. 지난 7월 6일, 유엔은 '차후 팬데믹 예방: 인수공통감염병 확산 방지 방법(Preventing the Next Pandemic: Zoonotic diseases and how to break the chain of transmission)'이란 보고서에서, 에볼라, 메르스, 코로나 팬데믹 등 20세기 들어 발생한 신종 감염병의 75퍼센트 이상을 차지하는 것은 동물에서 사람으로 바이러스가 옮겨 가는 인수공통감염병으로, 발병의 원인은 기후 변화로 인해 산불, 가뭄, 홍수 등의 극단적 기상현상이 자주 발생하는 것과 더불어, 끊임없는 수렵과 벌목으로 야생동물의 다양성이 줄고 서식지가 파괴되는 현실에 있다고 분석한다. 생태계 교란을 통해 동물의 행동 습성이 변화하고 있고, 이에 따라 새로운 지역으로의 이동이 잦아지며 바이러스들이 원래의 숙주를 빠져나와 보다 안정적인 새로운 숙주를 찾게 되었는데, 그것이 바로 인간이라는 것이다. 보고서는 환경 파괴가 계속되는 한 기후 재앙은 더욱 빈번해지고 규모가 증폭될 것이며, 인수공통감염병 또한 모습을 바꾸어 지속적으로 등장하게 될 것이라 전망하고 있다.

매년 기후 재앙이 닥칠 때마다 생태환경에 대한 경각심이 반짝 높아지다가, 복구와 더불어 다시 개발과 발전 논리에 먹히고 마는 행태가 반복되고 있다. 마치 종말을 경험하는 듯 절박했던 코로나 팬데믹 또한, 어느 정도 통제가 가능해지자 마치 기다렸다는 듯 대부분 '올드 노멀'로 돌아가는 모습이 보인다. 반복되는 재앙으로 인해 얻는 교훈이 그저 '이전으로 돌아가야 한다' 내지는 '돌아갈 수 있다'는 데 그치고 있다는 사실이 안타깝다. 자연은 이전으로 돌아가서는 안 된다는 것을 이렇게 아프게, 스스로의 몸에 상처를 내면서까지 인간에게 호소하고 있는데 말이다.

이런 의미에서, 프란치스코 교종의 회칙 「찬미받으소서」 반포 5주년을 맞아 2021년 환경의 날(6월 5일) 가톨릭 교회가 발표한 담화문은 의미가 깊다. "성장 신화를 넘어 지속 가능한 세상으로"라고 이름한 담화문을 발표하면서 강우일 주교는 "성장과 개발이라는 우상을 버리고 생태계 보전과 생명의 존엄을 최우선 가치로 여기는 '대전환'이 사회 전반에서 일어나야 한다"고 강조했다. 기후 위기, 코로나 팬데믹을 비롯한 지구 생태계의 수많은 위기에서 우리가 얼마나 가난한 이웃과 아파하는 생태계를 외면했는지 돌아보고, "물질 중심의 가치관에서 벗어나 생명 중심의 가치관으로 전환하고 새로운 방식의 삶을 선택해야 한다"는 것이다. 생명 중심의 가치관이란 신학자 샐리 맥패이그Sallie McFague가 말했듯, "우리의 삶은 우리 자신의 것이 아니라는" 인식이다. 몸의 세포들로부터 가장 섬세한 정신에 이르기까지, 우리는 끊임없이 변화하는 우주에 속해 있다는 것, 바위와 파도, 대기와 흙, 식물들, 광물들과 더불어 세상의 모든 것들과 함께 어우러진 한몸이라는 깨달음이다. 그 한몸 생태계는 다름 아닌 하느님의 몸이기에, 생명 중심의 가치관은 또한 하느님 중심 가치관의 다른 이름이기도 하다. 그 생명 중심, 하느님 중심 가치관으로의 근본적인 전환은, 인간의 발전과 성장이 효율과 이윤 중심으로 이루어지는 것이 아니라 비움과 나눔과 돌봄으로 이루어진다는 확신과 하느님에 대한 전적인 신뢰를 통해서만 가능하다.

그러고 보니 구례의 소들이 우리에게 길을 알려주는가 싶기도 하다. 흙탕물이 차오는 낡은 집을 버리고, 서로 의지하며 낯선 길을 걸어가 다른 생명들을 믿고 몸을 의탁한 그들의 모험 이야기는 정말 하느님이 오늘 우리에게 들려주시는 우화일지도 모른다.

'사회적 생명'에 대한 감수성

오랜 친구와 이십여 년 만에 연락이 닿았다. 인연이 돌고 돌다 보니 결국 가까운 곳에 살게 되었다는 것을 알고 얼마나 기뻤던지 모른다. 마침 온 가족이 내가 일하는 학교 근처로 올 일이 있다고 하니, 캠퍼스에서 만나는 게 어떠냐 물었다. 친구는 흔쾌히 수락했지만, 내가 생각지 못한 것이 있었다. 3년 전 친구는 큰 교통사고를 당했는데, 차에 같이 타고 있던 아들이 많이 다쳤다. 축구선수가 되고 싶어 했던 멋진 소년은 자신의 꿈과 조금 멀어졌지만 절망하지 않고 씩씩하게 재활 치료를 받고 있다. 하루가 다르게 나아지고 있기는 하지만 아직 장애인 이동권이 고려되지 않은 곳에서는 혼자 다닐 수 없다 보니, 학교에서 만나려면 함께 움직일 동선을 확인해 큰 불편 없이 이동할 수 있을지 살펴야 했다. 지도만 보고는 알 수 없어 주차장에서부터 시작하여 계단과 오르막길이 없는 곳을 찾아 통행 경로를 확인하며 직접 걸어보기로 했다. 편의 시설을 나름 잘 갖추었다고 알려진 곳이지만 장애인들이 이동하기에는 너무나 멀고 불편한 길이었다. 그동안 내가 가르쳤던 학생들 중에도 휠체어를 타는 친구들이 있었는데, 아침에 일어나는 순간부터 강의실에 도착하기까지 어떤 시간을 겪어왔는지 한 번도 살피지 않았다는 사실이 무척 부끄러웠다.

성모 성월의 첫 번째 주일인 5월 2일은 한국 천주교회가 인간의 존엄성과 생명을 수호하기 위해 정한 생명주일이다. 친구의 가족들이 내게 선물한 귀한 가르침을 새기며, 나는 오늘 인간의 '사회적 생명'에 대해 생각해본다. 하느님이 주신 생명은 개체와 종족 유지를 목표로 하는 자연적 생명뿐 아니라, 생명들과 어울려 살아가는 사회적 생명을 포함한다. 모든 생명은 무리, 혹은 사회의 일원으로서 다른 생명들과 소통하고 그들에게 인정받고 존중받고 사랑을 나눌 수 있을 때 비로소 살아 있다고 느낀다. 생명의 권리는 따라서 자연적 생명권뿐 아니라 사회적 생명권 또한 아우르는 가장 기본적인 권리이며, 생명 감수성이란 육체의 고통과 죽음뿐 아니라 사회적 고통과 죽음에도 민감하게 반응할 수 있는 마음의 지향과 태도를 일컫는다.

자연적 생명에 대한 경시 풍조도 이미 위험 수준을 넘어서고 있는 것이 우리 사회의 실태이지만, 우리는 참으로 많은 사회적 생명들을, 어쩌면 경각심과 안타까움조차 느끼지 못하며 죽음으로 내몰고 있다. 가령, 전국장애인차별철폐연대(이하 전장연)가 장애인 이동권 보장과 장애인 권리예산 반영을 요구하기 위해 이어왔던 출근 지하철 시위에 대해 "전장연이 출퇴근 시간을 볼모로 지하철 문에 휠체어 넣는 식으로 운행을 막아 세웠다"며 경찰개입을 주문하거나, "선량한 시민에게 불편을 야기해 뜻을 관철하겠다는 것은 문명사회에서 받아들이기 어렵다"며 장애인들을 야만시하고 비난하는 행동들을 생각해보자. 코로나 감염으로 다만 며칠을 격리 상태로 지낸다 해도 고립된 삶의 비인간화를 경험하게 되는데, 지하철을 이용하는 정도의 아주 기본적인 이동권도 확보되지 않아 혼자 밖에 나갈 수도, 교육을 받을 수도, 일을 할 수도, 친구를 만날 수도 없이 대부분의 시간을 고립된 채 살아야 하는 장애인들의 사회적 죽음에 대해 우리는 어떤 태도를 가져야 할까? 비장애인들은 한 걸음이면 건널 수 있는 12센티미터 지하철 승강장의 간격에 장애인들은 목발이 빠져 고꾸라지고, 휠체어 바퀴가 끼어 몸이 튕겨져 나가 목숨을 걸어야 하는 현실을 우리는 어떻게 바라보아야 할까? 그렇게라도 하지 않으면 정부와 정치권이 듣지 않기에, 당연해야 할 출근길 대신 '출근투쟁'에 나서 수많은 이들의 욕설을 몸에 꽂으며 지하철 바닥에 나뒹그라지는 생명들의 처절한 몸부림을 보며 존엄을 느끼고 함께 분노하지 못할망정 혐오의 시선을 보낸다면, 우리의 생명 감수성은 과연 어디부터 잘못된 것일까?

미국의 장애운동가이자 동물운동가인 수나우라 테일러Sunaura Taylor가 쓴 『짐을 끄는 짐승들』이란 책이 있다. 태어날 때부터 관절 굽음증이라는 장애를 가진 테일러는 누구에게도 환영받지 못하는 몸을 가졌다는 사실을 삶의 매 순간 상기해야 했다고 한다. 비장애중심주의, 즉 비장애인들의 몸과 시선만이 정상적인 것으로 간주되는 세상에서 살아오며 스스로를 부자연스럽고 이상하고 의존적이고 나약한 존재로만 생각해왔다는 것이다. 그러나 테일러는 동물을 이용하는 산업과 공장식 축산, 인간을 위해 가축화된 동물들에게서 발생하는 '장애'를 목격하면서 비장애중심주의가 실은 정상과 비정상을 가르는 인간의 인위적인 시각이며, 비장애인들의 편의를 위한 지독한 이기주의와 자기중심주의의 산물이라는 것을 깨닫게 된다. 몸을 가누지 못할 정도로 많은 젖을 생산하도록 품종이 개량된 젖소, 제대로 숨을 쉴 수 없을 만큼 살을 찌운 돼지, 마취 없이 부리를 절단당하는 오리 등 유전자를 함부로 조작하고 인간의 목적을 위해 이용하는 자연적 생명에 대한 살상행위와, 이성과 언어, 건강한 신체 등과 같은 인간 중심적인 능력을 갖추지 못했다는 이유로 차별하며 사회적 생명을 죽음으로 내모는 행위는 같은 뿌리를 갖고 있다. 사회적 생명에 책임을 느끼지 못하는 사회는 자연적 생명 또한 보호하지 못한다. 사회적 죽음의 그림자 속에서 건강하게 피어날 수 있는 자연적 생명은 없다. 그러나 우리는 때로 자연적 생명을 보호한다는 명목으로 사회적 생명에 너무 무감각한 위선적인 태도를 보이기도 한다.

"하느님이 우리에게 주신 생명은 타인을 향한 연민의 마음을 갖게 합니다." 프란치스코 교종의 말씀이다(2020년 3월 29일, 삼종기도에서). 교종은 우리가 "죽음이라고 할 수 있는 모든 돌을 치우라고" 부르심 받았다고 말씀하신다. 위선으로 신앙을 살아가는 것은 죽음이다. 나와 다르다 하여 이웃을 비난하고 파멸시키는 것은 죽음이다. 생각과 생활 방식에 동의할 수 없다 하여 이웃을 모욕하는 것은 죽음이다. 가난하고 취약한 이들을 나의 시야 밖으로 몰아내고 소외시키는 것은 죽음이다. 사회적 생명들을 살상하는 이 죽음의 돌들을 치워야 한다.

희망으로 가는 길
—2014년 겨울의 여행

내가 가르치는 대학에는 '지구화 시대 정의를 찾아서(Global Search for Justice)'라는 교양필수 과목이 있다.* 전공과 무관하게 모든 학생이 들어야 하는 과목으로, 해외에 나가 3주간 수업과 여행을 병행하며 자신의 문화와 다른 문화를 경험하고 자신의 생각과 다른 의견을 들어본다는 취지로 마련된 수업이다. 이번 학기에 처음으로 동료 교수 한 사람과 한국에 관한 코스를 개설했는데, 처음 개설한 과목치고는 호응도가 높아 꽤 많은 학생들이 지원했다. 그중 선발된 학생들 열여덟 명은 열한 명의 몽Hmong 미국인, 네 명의 유럽계 미국인, 두 명의 히스패닉Hispanic/치카나Chicana 미국인, 한 명의 티베탄Tibetan 미국인으로, 저마다 다양한 역사·문화적 배경을 갖고 있다.

이십 대 초반의 이 젊은 여성들과 함께 22년째 계속되고 있는 일본군 '위안부' 문제 해결을 위한 수요시위 현장을, 전쟁과 여성인권 박물관을, 광주 5.18민주묘지를, 오월길을, 제주 4.3평화공원을, 강정마을을 찾았다. 물론 역사의 현장을 찾아가는 길목마다 우리 산천과 문화의 아름

---

* 2014년 당시 가르치던 대학은 미국 미네소타의 세인트 캐서린 대학이다.

다움에 흠뻑 취하기도 했다. 담양과 순창을 둘러보며 남도 문화와 음식을 맛보았고, 제주에서는 아침 일찍 성산일출봉에 올랐고, 늦은 오후 사려니 숲길도 걸었다. 용인의 화운사에서는 젊은 비구니스님들과 또 수녀님 한 분과 함께 3박 4일 템플 스테이를 하며 다도명상, 108배, 발우공양을 익히고 이웃 종교에 대한 배움의 시간을 갖기도 했다.

작년 봄부터 꾸준하게 수업을 기획하고 준비해왔지만, 막상 학생들을 데리고 한국에 오기 전까지 나는 3주간의 수업이 만들어낼 효과에 대해 반신반의하고 있었다. 숱한 질문들을 나 스스로에게 던졌다. K-Pop과 드라마를 통해 한국을 알게 된 미국인 학생들이 '위안부' 생존자들의 역사와, 광주와 제주의 상처와, 강정의 오늘을 보면 무슨 생각을 할까? 먼 이 땅의 역사와 자신들의 삶이 만나는 교차로를 과연 찾아낼 수 있을까? 이 짧은 여행이 이들의 삶에 과연 어떤 기억으로 남을까? 내 걱정은 기우였다. 학생들은 내가 생각했던 것보다 훨씬 빨리 마음을 열었다. 수요시위에 참가하여 '위안부' 생존자들의 삶에 함께 울었고, 5.18민주묘지에서는 끝없이 펼쳐져 있는 광주 영령들과 민주화 열사들의 묘역을 보며 군부독재와 민주주의에 관한 질문을 던졌다. 오월길을 함께 걸으면서는 영화 〈화려한 휴가〉에서 본 장면들을 떠올리며 여기저기 사진을 찍고 진지한 얼굴로 생각에 잠기기도 했다. 광주에서 결합한 한국 대학생들과 함께 섞여 몇 개의 그룹으로 나뉘어, 저마다 자신들의 가족사 중 아시아/미국의 근현대사와 연관되는 부분의 이야기들을 공유하며 서로의 이야기가 만나는 연결고리를 찾아 시각화하는 과제를 진행했는데 전쟁과 폭력의 역사가 만들어낸 상처가 그렇게 밀섭하게 서로의 삶을 연결하고 있다는 것에 새삼 놀라기도 했다. 또 제주에서는 4.3의 비극이 아직도 유령처럼 남아 그 아름다운 평화의 섬을 뒤덮고 있다는 것과 해군기지 건설이란 오늘의 폭력으로 이어지고 있다는 것에 안타까워하고 분노했다. 강정의 생명평화미사를 함께 드리거나 지켜보고는 강정지킴이들과 신부님들, 수사님들, 수녀님들과 어우러져 '강정마을 4종 댄스'도 신나게 추었다.

제주에서 서울로 돌아와 가진 토론 시간에 우리는 많은 이야기들을 나누었다. 학생들은 어느새 이 땅의 역사와 자신들의 역사를 연결하여 생각하며 스스로의 정체성을 고민하고, 미국에 돌아가 할 수 있는 일에 대해 깊이 고민하고 있었다. 세계 최고의 권력 국가인 미국의 시민으로서 자신들이 갖고 있는 책임감에 대해서도 의견을 나누었다. 자본주의가 보여주는 화려한 외관에 대해 비판적 시각을 잃지 말아야 할 것과, 전쟁은 결국 모두의 삶을 망가뜨릴 뿐이라는 것에 대해서는 모두들 공감했다. 앞으로 이 젊은 여성들은 이 땅을 다시 찾을 기회가 없을지도 모르지만, 이들이 살아가면서 꿈꾸고 만들어갈 정의와 평화에는 언제나 '위안부' 생존자들, 광주, 그리고 제주에 대한 기억이 따라다닐 것이다.

학생들과 함께 여행하고 토론하며 새삼 깨달았다. 사람들에 대한 희망과 믿음을 잃지 않는 것이 얼마나 세상을 살 만하게 만드는 것인지. 그 사람들 가운데는 모든 일정마다 순전하게 마음을 열고 스스로에게 도전하며 한 사람도 낙오되지 않은 채 가볍지 않은 일정을 소화해온 우리 학생들도 있지만, 상처가 된 역사의 현장마다 오롯이 그 자리를 지키며 깊이 파인 흉터를 기억으로, 기억을 교육으로, 교육을 삶으로 살아내고 계시는 이들도 있다. 흩어져 있을 때는 눈에 띄지 않고 가늠할 수 없는 사람의 힘을, 그러나 정의와 평화를 향한 길목에서 만날 때 비로소 드러나는 그 힘을, 거세고 뜨겁고 마음을 움직이는 그 힘을 나는 이번 여행을 통해 다시 경험했다.

이제 여행을 마무리하고 학생들과 함께 다시 미국으로 돌아갈 채비를 한다. 그러면서 희망에 대해 다시 생각한다. 희망은 우리의 삶과 연속적인 동시에 불연속적이다. 희망은 우리가 원하고 바라는 것이 가리키는 어떤 지점이지만, 희망이란 그 자체는 영원히 우리 손에 잡히지 않는 아스라한 것이다. 손에 잡히는 그 순간 희망은 이미 희망이 아닌 다른 어떤 것이 되고 만다. 그러므로 우리가 희망을 감지할 수 있는 유일한 길은 그 여정뿐이다. 한길을 걷는 사람들이 함께 모여 서로의 꿈을 나눌 때 희망은 가장 가까이 있다. 그리고 희망으로 만들어가는 이야기들의 온기는 세상이 척박하고 춥고 어두울 때 더 깊고 따뜻하게 가슴에 남을 것이다. 겨울이 남긴 이야기들이 더 깊고 따뜻하게 기억되듯 말이다. 내 학생들의 기억에도 2014년 겨울의 한국은 따뜻하게 기억될 것이다.

고스트 댄스

겨울이 오는 길목, 내가 사는 동네의 멕시칸 식당은 죽은 자의 날(El Día de los Muertos) 축제 준비로 한창이다. 설탕, 초콜릿, 아마란스 등으로 만든 달콤하고도 스산한 해골 모형들이 식탁에 놓여 있고, 오색찬란한 의상을 입은 해골 웨이터들이 멕시코 전통음식이 담긴 접시를 나른다. 슬픔보다는 익살과 해학으로 삶과 죽음의 경계를 허무는 것이 죽은 자의 날을 기리는 방식이지만, 삼삼오오 떼 지어 있는 해골 무리를 보면서 나는 다른 장면을 떠올렸다. '나니사나흐Nanissáanah', 고스트 댄스라고도 불리는 미국 원주민들의 슬픈 역사다.

'고스트 댄스' 이야기는 19세기 말로 거슬러 올라간다. 1880년경 미국 정부는 원주민들을 살던 땅에서 쫓아내 척박하고 황폐한 소위 '보호구역'에 몰아넣으며 식량과 생필품을 보급하겠다는 조약을 맺지만, 약속을 지키지 않았고 따라서 많은 원주민이 굶어 죽었다. 처참했던 상황 속에서 원주민들은 생존을 위한 절박한 바람을 몸짓에 담아 일종의 종교운동을 일으키게 되는데, 이것이 고스트 댄스이다. 며칠 동안 쉬지 않고 춤을 추면 죽은 조상들을 만나 천재지변을 미리 알 수 있는 능력을 갖게 되고, 마침내 하늘과 땅이 뒤집히는 재난이 도래하면 백인들은 전멸하지만 원주민들은 조상들의 비호로 살아남으며, 결국 대지에 다섯 길 높이의 새로운 흙이 덮이고 들소 떼와 야생마가 돌아오는 새 세상에서 평화롭게 살게 되리라는 순박한 믿음을 담은 운동이었다. 고스트 댄스는 보호구역에 살던 여러 부족에게 들불이 번지듯 퍼져 나갔다.

고스트 댄스 운동에서 가장 중요한 것은 춤 그 자체였다. 노래와 곡을 하며 느린 장단에 맞추어 추는 비장한 춤은 대개 나흘 혹은 닷새 동안 지속되었다. 북이나 악기도 없이 남녀가 함께 어우러져 환각에 젖은 듯 춤을 추었다. 이 낯설고 원초적인 춤의 제전에 백인들은 공포와 위협을 느낄 수밖에 없었을 것이다. 미국 정부는 고스트 댄스를 금지하고 기병대를 증강하여 파병한다. 원주민들은 더 이상 버틸 수 없는 상태가 되어 항복을 택하지만, 기병대는 포화와 총탄을 퍼부으며 학살을 자행한다. 어린아이들과 노인들을 포함한 300여 명의 원주민을 몰살한 이 사건이 그 악명 높은 1890년 겨울 '운디드니의 학살(The Massacre of the Wounded Knee)'이다.

마지막 항거의 순간에 서로 다른 부족들을 결집한 행동이 춤이었다니, 더욱이 이 춤이 원주민들에게는 종교였다니, 선뜻 이해가 가지 않지만 아메리카 원주민들의 종교관을 알면 가슴 저리게 다가온다.

"종교는 사실 살아 있는 것입니다. 종교는 우리가 공언하는 것도, 말하는 것도, 선포하는 것도 아닙니다. 종교는 우리가 하는 것, 원하는 것, 추구하는 것, 꿈꾸는 것, 상상하는 것, 생각하는 것—이 모든 것—하루 스물네 시간입니다. 그러므로 사람의 종교는 단순히 이상적인 삶이 아니라 실제 사는 그대로의 삶입니다." 원주민 학자이자 인권운동가인 잭 포브스Jack D. Forbes(1934-2011)는 원수민들의 종교를 이렇게 표현했다. 원주민들에게 종교는 한 사람의 삶과 분리되지 않는 행동 그 자체였다. 벌레를 보고 펄쩍 뛰면 그것이 그 사람의 종교이고, 살아 있는 동물을 실험하면 그것이 그 사람의 종교이며, 악의적으로 남을 험담하고, 또 모르는 이들을 무례하게 대하고 공격하면 그것이 또 그 사람의 종교라고 그들은 이해했다. 어느 날 갑자기 총칼을 들고 찾아와 땅과 하늘과 물을 가르고 자기 것이라 우기며 협박하는 이상한 종교를 가진 정복자들 앞에서 원주민들이 할 수 있는 최선의 선택은 자신들의 종교를 보여주는 것이었다. 삶의 터전을 송두리째 빼앗긴 채, 유일하게 의지할 대상인 조상들에게 호소하며 살고자 몸부림치는 자신들의 삶, 종교를 말이다. 내게는 이 원주민들의 종교가 온몸으로 하느님을 드러내었던 예수님의 종교와 많이 닮아 있는 것같이 느껴진다.

죽은 자의 날은 다가오고, 방방곡곡에서 죽음의 소식이 들려온다. 우크라이나에서, 이란에서, 아이티에서, 팔레스타인에서, 삶과 죽음의 경계는 길가에 뒹구는 낙엽처럼 얇고 연약하여 때로는 바스락 소리조차 내지 않고 흩어진다. 제빵 공장에서 부당노동으로 인한 과로에 시달리다 기계에 빨려 들어가 사망한 노동자에게도, 그 공장에서 여전히 기계를 돌려야 하는 그의 동료들에게도, 삶과 죽음의 경계는 그리 속절없이 무너져 내린다. 이렇게 죽은 자의 날들을 살아가는 우리의 종교는 무엇일까? 원주민들이 믿었듯 종교가 우리의 삶 그 자체라면, 성무일도를 하고 묵주기도를 올리고 성당에 가서 미사를 하고 성체를 모시는 순간들뿐 아니라 우리가 꾸는 꿈, 마음에 품는 생각, 모르는 이에게 내뱉는 말, 먹을거리를 고르는 것과 같은 사소하고도 무거운 일상의 선택, 힘겨운 나 자신과 이웃들의 삶을 바라보는 시선, 우리의 시간을 채우는 이 모든 행동이 종교라면 우리의 종교는, 나의 종교는 어떤 모습을 하고 있을까?

내 행동이 끝나다

내향적인 성격을 가진 내게 첫 만남은, 그것도 혼자서 수십 명을 한꺼번에 만나야 하는 매 학기 첫 주는 아직도 잠을 설칠 만큼 불안하고 압도적인 시간이지만, 그만큼 설레고 생명력 넘치는 시간이기도 하다. 기지개를 펴고 안으로 잔뜩 웅크려 있던 몸의 근육과 생각의 근육을 풀며 새로운 자극을 준비한다. 긴 겨울 잠에서 깨어 봄을 맞는 동물들의 마음이 이런 것일까? 새로운 모든 것들과 그들의 생명력이 두렵기도 하지만, 벅차게 기쁜 마음으로 아침마다 집을 나선다. 잘할 수 있어! 하고 속으로 되뇌면서.

돌아보면 이렇게 열린 마음은 신뢰에서 오는 듯하다. 나 자신과 학생들에 대한 신뢰다. 물론 이 신뢰의 뿌리는 하느님께 닿아 있다. 내가 학생들과 나눌 시간들이 내게뿐 아니라 그들에게도 의미 있으리라는 믿음, 내가 읽었고 이제 그들과 나눌 책들이 내게 그랬듯 그들에게도 환희와 괴로움이 교차하는 열락을 가져다주리라는 믿음, 매시간 목이 아프게 소리를 지르며 정성을 다하는 이 외국인 교수가 그래도 좀 사랑스러운 인간의 모습으로 그들에게 비칠 수 있으리라는 믿음, 혹은 바람이 얼마나 큰 용기를 주는지 모른다. 나는 무엇이든 확신을 갖기 힘든 성격과 생각의 구조를 가진 탓에 이런 순간을 경험하는 일이 흔치 않지만, 그래도 이 느낌이 얼마나 좋은 것인지는 안다. 땅에 단단히 발을 딛고도 널리 하늘을 자유롭게 유영하는 느낌이랄까. 물론 다시 고꾸라지고 허우적댈 때가 오겠지만, 그때를 위해서라도 이 느낌을 마음에 담아둔다.

이번 학기에는 중세와 현대의 신비주의 영성을 가르치는데, 이 수업의 첫 시간에 내가 학생들과 늘 함께 읽는 글이 있다. 영국의 철학자이자 소설가인 C. S. 루이스의 『예기치 못한 기쁨(Surprised by Joy)』에 나오는 그의 회심 경험이다. 평생을 무신론자로 살아온 루이스가 하느님께 마음을 여는 순간이다. 그는 하느님을 받아들이기 전 자신이 마치 뻣뻣한 속옷이나 갑옷을 껴입어 가재 같은 형상을 하고 무언가 스스로에게 다가오지 못하도록 차단하고 있었다는 것을 깨닫는다. 마침내 그 갑옷을 벗어버리는 순간, 어떤 강력한 힘이 자신을 움직이는 것 같았지만 실은 살아왔던 어떤 순간보다 자유로웠다고 그는 말한다. 의무와 강제로부터 완전히 벗어난, 스스로도 감지할 수 없는 내면과 외면의 어떤 힘이 맞닿아 그를 움직였다고 말이다. 그러면서 이렇게 말한다. "필연성은 자유의 반대말이 아닐 수 있으며, 인간은 굳이 동기를 만들어내는 대신 '내 행동이 곧 나다(I am what I do)'라고 말할 수 있을 때 가장 자유로울지도 모른다."

'내 행동이 곧 나다.' 즉 나라는 한 사람을 구성하는 고갱이, 나의 가장 깊고 연한 중심이, 말하고 의지하고 행동하는 바깥의 나와 분리되지 않는 일치를 루이스는 회심을 통해 경험했다. 그 순간이 곧 하느님과 일치되는 순간이기도 했던 것이다. 그러고 보니 프랑스의 철학자이자 신비가인 시몬 베이유도 비슷한 말을 했다. 하느님의 빛을 받은 사람들은 "이 땅의 모든 것에서 필연의 메커니즘을 알아보고 그 필연 속에서 하느님을 따르는 한없는 감미로움과 자유"를 음미하게 된다고, 나의 깊은 곳에 뿌리를 내리고 있는 그 필연을 따르는 것이 곧 가장 큰 자유를 누리는 것이라고 말이다.

하느님과 함께 들숨과 날숨을 쉬는 그 순간은 루이스와 베이유 같은 깊은 경지의 영성가들뿐 아니라 평범한 우리들의 일상에도 열려 있다. 두려움을 내려놓고, 잘해야 한다는 강박과 잘하고 싶다는 욕심을 내려놓고, 즉 나와 내 행동의 간격을 없애고 오로지 그 순간에 집중할 때 얻게 되는 자유로움이 그 순간의 징표이다. 행동의 바깥에서 나의 의지가 작동하여 주저하거나 욕심을 내면 그 일치의 순간은 반드시 깨지고 만다. 의심과 두려움과 회의가 그 틈새로 끼어든다.

그렇게 나와 나의 행동이 일치하는 순간은 내 안에 계시는 하느님을 깊이 신뢰하고 내가 만나는 이들 안에 계시는 하느님께 마음을 여는 순간이기도 하다. 뻣뻣하게 고개를 세운 우리의 자아가 고개를 숙이면, 우리 안에 계시는 하느님이 서로의 모습을 통해 드러난다. 아무럴 것 없는 우리의 일상이 그 일치의 순간 속에서 기도가 되고, 관상(contemplation)이 된다. 관상의 상태란 다름 아닌 하느님 안에서 나를 내려놓고 쉬는 것, 그리하여 하느님의 눈으로 세상을 보고 하느님의 귀로 세상의 소리를 듣는 것이다.

마지막 때와 다가올 미래

아마도 우리가 알고 있던 세상은 더 이상 우리 곁에 없을 것이다. 한 솥밥 해먹고 어깨 걸고 뒹굴며 목청껏 노래 부르고 침 튀겨 싸우기도 해야 내남없이 친해지는 줄 알던 시대는 이제 추억으로 남을 것이다. 사랑, 우정, 친구, 이웃, 자매, 형제, 동료, 동지, 우리가 품어온 이 관계의 형상들에 배어 있는 질적한 몸성을 생각한다면, 새로운 주류가 될 듯한 비대면 문화의 건조함이 디스토피아적으로 느껴지는 것은 당연하다. 나는 코로나19 이후의 세상을 암울하게만 전망하고 싶지 않지만, 준비 없이 다가온 이 전 지구적인 변화가 모두에게 불안과 공포를 주고 있다는 것은 부정할 수 없다.

이렇게 한 사회를 살아가는 구성원들의 생각과 판단과 행동 체계가 흔들리는 상황이 오면 어김없이 등장하는 담론이 있다. 종말론이다. 근본주의 그리스도인들은 이미 코로나19를 종말론적 심판, 신의 리셋(divine reset), 말세의 징조, 마지막 때를 위한 섭리 등으로 해석하여 가뜩이나 혼란스러운 신자들을 선동하고 있다. 그렇다면 가톨릭 신학은 종말론에 대해 어떤 말을 할 수 있을까?

종말론(eschatology)의 어원인 그리스어 'ἔσχατος'는 마지막 사건, 마지막 때, 가장 먼 시간과 공간을 뜻하는 단어인데 한국어로 번역되며 시간성이 강조되었다. 가톨릭 신학에서는 특히 인생과 세상의 마시막 사건들인 죽음, 심판, 천국, 지옥을 다룬다. 종말이 무엇을 의미하는지는 성서에서조차 불분명하다. 최후 심판, 그리스도의 재림 약속, 천년 왕국, 새 하늘 새 땅, 천국과 연옥, 지옥 등 종말론의 의미를 구성하는 사건들이 모두 상징적으로 표현되어 있기 때문이다.

최후 심판을 통해 선한 이들은 영이 되어 천국에 남아 영원한 행복을 누리고, 악인은 지옥에 떨어져 육체의 고통을 받으며 영원한 심판을 받는다는, 우리에게 익숙한 종말론은 성 아우구스티노(354-430)가 그 체계를 마련했다. 삶과 죽음의 단절, 선과 악의 대립, 구원과 징벌 등 이원론적 구조가 그 특징이다. 불세출의 수사학자였던 아우구스티노는 시간, 영원, 은총 등 보이지 않는 많은 것들에 수려하고 장엄한 언어를 입혔지만, 그의 신학과 글은 그가 책임을 지고 관여했던 교회 안팎의 정치적 상황으로부터 큰 영향을 받았다. 아우구스티노가 살았던 3-4세기는 박해가 종식되어 그리스도교가 제국 로마의 보호를 받기 시작한 시기이다. 교회는 공고한 제도를 구축하기 위해 숱한 교리 논쟁과 이단 논쟁을 통해 옳은 관점과 그른 관점을 나누어 신학을 구획화하는데, 이때 정통과 이단 분류의 기준이 되었던 것은 주교들을 중심으로 하는 보편 교회의 질서 유지와 내적 결속이었다. 아우구스티노는 이 작업의 최전방에 있었던 인물이고, 그의 이원론적인 종말론은 당시 교회의 상황과 필요를 그대로 반영하고 있다. 이원론적 종말론은 중세를 거치며 점점 현실과의 접점을 잃고, 하느님의 개입을 통해 하늘과 땅이 뒤집히는 사건 혹은 죽음 이후에 인간이 겪게 될 사건들에 대한 환상으로 위로를 주거나 공포를 자극하는 판타지 영역으로 자리 잡게 되었다.

그러나 성 이레네오(130–202), 알렉산드리아의 성 클레멘스(150–215), 오리게네스(185–254) 등 아우구스티노 이전의 탁월한 교부들과 신학자들의 종말론은 이원론적 세계관이 아니라 통합적 세계관에 기반한다. 이들의 시간 개념은 순환적이다. 창조와 종말, 처음과 마지막이 하느님의 사랑을 통해 만난다. 그러기에 단절이 아니라 연속, 심판이 아니라 회개, 징벌이 아니라 회복의 메시지가 종말론의 중심에 있다. 마치 교향곡 서곡에 등장하는 테마가 몇 개의 악장들을 관통하며 대단원에 이르러 전체를 하나의 의미로 아우르듯, 하느님이 세상을 창조할 때 의도하셨던 계획, 즉 당신이 만든 세상의 모든 창조물을 당신의 품으로 다시 불러들이시는 크신 사랑이 인간의 역사를 거쳐 표현되다 결국 완성에 이르는 우주적 화해의 과정이 종말인 것이다. 그리고 이 원대한 종말의 교향곡에는 비그리스도인을 포함하는 모든 인간과, 생물과 미생물까지 모든 피조물이 참여하여 화음을 이루는 상생의 비전이 포함되어 있다.

　제2차 바티칸 공의회 이후 현대신학의 종말론은 대부분 아우구스티노 이전 교부들의 통합적 비전을 공유하며, 한편으로는 예수를 통해 이미 경험한 역사 속에서의 하느님 나라 경험을 강조한다. 종말을 통해 완성되는 하느님 나라는 병든 이들을 치유하고, 떠난 이들을 다시 불러들이고, 죽은 영들을 위로하고, 멸시받는 이들을 환대하고, 가난한 이들의 존엄성을 일깨운 예수의 복음 선포를 통해 이미 역사 속에서 발현되었다. 그러므로 종말은 죽음 이후 혹은 마지막 때에 갑자기 일어날 사건이기보다 우리가 삶 속에서 적극적으로 환기해야 할 기억의 대상이며 경험의 대상이다. 내가 삶을 살아가는 매 순간 내리는 선택은 마지막 순간 하느님께 제출되는 보고서에 기록되는 것이 아니다. 그 선택은 지금도 진행 중인 하느님의 종말론적 비전과 유기적으로 연결되어 그 과정을 앞당길 수도 더디게 할 수도 있다. 그러기에 종말은 언제나 '이미와 아직 (already but not yet)'의 긴장 속에 현존한다. 영원은 주어지는 것이 아니라 이루어가는 것이며, 언제나 과정 중에 있다.

부서진 세상에서 경험하는 이미와 아직 사이 하느님 나라는 강렬하지만 아스라하다. 그러기에 늘 안타까운 목마름이다. 브라질의 신학자 이본느 게바라Ivone Gebara는 하느님 나라에 대한 갈증을 한 잔의 물에 비유했다. 지독하게 더운 여름날 한 잔의 물은 목마름을 가시게 하지만, 이내 더 타는 듯한 갈증이 찾아온다. 그러나 그 한 잔의 물에 대한 기억과 갈망으로 우리는 우물을 만들고 수로를 놓는다. 엄한 폭력의 세상 속에서 경험하는 하느님의 나라가 그렇다. 생필품을 훔치다 붙잡힌 부자 앞에 수줍게 돈봉투를 놓고 간 익명의 손길에서, 독거 노인의 집 앞에 말없이 놓인 식료품 박스에서, 고공 철탑 위 해고노동자에게 올리는 연대의 손길에서, 세월호 희생자들을 여전히 기억하는 노란 리본이 달린 무심한 손가방에서 우리는 짧고 강렬하게 하느님 나라를 경험하지만, 그 기억은 시인의 노래 속 "날카로운 첫 키스의 추억"처럼 "운명의 지침을 돌려놓고 뒷걸음쳐서" 사라진다. 그러나 그 순간의 경험으로 우리는 하느님 나라를 갈망하고 "슬픔의 힘을 옮겨서 새 희망의 정수리에 들이붓는다." 하느님 나라가 멀고 아득하게 느껴지는 것은 그만큼 또 다른 희망을 준비해야 할 시간이 우리 앞에 놓여 있기 때문이다.

다가올 미래도 그렇다. 두렵고 불안하지만 하느님의 회복과 상생의 역

사를 단절시킬 미래는 없다. 우리가 이미 알고 있는 하느님 나라의 기억
으로, 그 안에서 나누었던 뜨거웠던 사람의 기억으로, 체온을 나눌 수
없기에 더 끈끈하게 관계를 이어가며, 미래는 그저 기다리는 것이 아니
라 만들어가는 것이다. 이미와 아직 사이에서.

존 오거스트 스완슨John August Swanson, 〈빵과 물고기(Loaves and Fishes)〉
Copyright 2003 by John August Swanson
Serigraph, 30" x 42"
www.JohnAugustSwanson.com